# 供应链管理

## 从入门到精通

戚 风◎著

天津出版传媒集团

天津科学技术出版社

图书在版编目（CIP）数据

供应链管理从入门到精通 / 戚风著. -- 天津：天津科学技术出版社，2019.12（2022.6重印）
ISBN 978-7-5576-7065-8

Ⅰ.①供… Ⅱ.①戚… Ⅲ.①企业管理—供应链管理 Ⅳ.①F274

中国版本图书馆CIP数据核字(2019)第193796号

---

供应链管理从入门到精通
GONGYINGLIAN GUANLI CONG RUMEN DAO JINGTONG
责任编辑：胡艳杰

| | |
|---|---|
| 出　　版： | 天津出版传媒集团<br>天津科学技术出版社 |
| 地　　址： | 天津市西康路35号 |
| 邮　　编： | 300051 |
| 电　　话： | （022）23332695 |
| 网　　址： | www.tjkjcbs.com.cn |
| 发　　行： | 新华书店经销 |
| 印　　刷： | 北京昊鼎佳印印刷科技有限公司 |

---

开本 710×1000　1/16　印张 15　字数 170 000
2022年6月第1版第2次印刷
定价：45.00元

# 前言 PREFACE

供应链是一个网链结构，包括制造配套零件、制造中间产品、制造最终产品以及销售给用户等环节，目的是把企业、供应商、制造商、分销商与最终用户连接起来。所谓供应链管理，就是指对供应链上的所有环节进行监督、管理和规划，确保整个生意过程能够顺利进行。

世界上的企业几乎都离不开供应链，一个企业的实力越强大，往往也意味着它的供应链越复杂。苹果公司过去之所以能够独享智能手机市场接近90%的利润，其中一个非常重要的原因，就是苹果公司具有卓越的供应链管理水平。一旦某个企业进入苹果的供应链，就如同贴上了一张质量标签，立即受到人们的认可。

建立科学的供应链管理体系，意味着提高供应链上所有企业成员的管理水平，并且提高企业成员之间的协作水平，从而减少不必要的资源浪费，尽可能提升利润空间。

供应链是由产品流、信息流、资金流三股支流组成的，因此供应链管理通常围绕着这三股支流进行。供应链贯穿了企业从无到有、从弱到强的全部过程。一方面，它能够让企业集中精力开发好产品；另一方面，它又能让供应商用尽可能低的成本供货。人们在供应链管理方面所做的努力概括起来，不外乎提高生产效率、加强信息交流、保证成本合理。只要做到这三点，供应链就可以顺利运转了。

大概在20世纪90年代，中国的企业才开始重视物流和供应链管理，而在此之前，由于起步较晚，中国企业的规模都比较小，也没有现代化的管理经验，因此对供应链的重要性认识不足。随着经济的快速发展，许多国际资本涌入中国，带来了先进的管理经验，其中就包括供应链管理。

现在，中国经济发展的大趋势仍然是走向开放，拥抱全球化，很多中国的跨国公司已经把市场铺到了世界各地，进行全球化采购和全球供应链资源整合。"一带一路"倡议的本质，就是利用区域优势，与全球不同文化、地域和国家的企业进行合作，加强国际供应链的管理，在降低成本的同时提高效率，以实现和谐共赢、共同发展。

本书着重介绍了供应链的基本概念，以及供应链管理的几个关键流程，如客户分级管理、制定采购战略、供应商管理、生产外包管理、物流仓储系统管理等。深入浅出地讲述了供应链管理的方方面面，而且每部分内容均配有世界著名企业的管理案例，以利于读者吸收和掌握相应的知识点。

## 第一章 供应链是企业发展的命脉

供应链是现代商业的基石 / 002

供应链管理是企业的核心竞争力 / 006

人类的需求类型决定了供应链的类型 / 010

供应链的三股支流：产品流、信息流、资金流 / 014

名企案例 劳斯莱斯的"40天引擎计划" / 018

## 第二章 着眼全局，解读供应链的核心因素

供应链管理者要有全局观念 / 022

流程管理是供应链健康的晴雨表 / 026

病态的组织结构阻碍供应链运转 / 030

复杂度制约了供应链的高度 / 034

名企案例 三星集团的"黑科技"——全供应链战略 / 037

## 第三章 客户分级管理，一切以市场需求为导向

供应链的核心目标只有一个：为客户服务 / 042

以消费者为中心，建立需求型供应链 / 046

精益管理法，对客户进行分级管理 / 050

应对市场不确定性的三道防线 / 054

名企案例　B2B供应链模式铸就阿里巴巴商业神话 / 057

## 第四章 制定采购战略，从源头掌控供应链

改善供应链从改善计划做起 / 062

制定详细的供应链采购战略 / 065

控制"牛鞭效应"，稳定供应链波动 / 069

内外协同式的管理方式，控制采购成本 / 073

完善采购体系，确保采购品质 / 077

名企案例　通过采购，华为与供应商共同成长 / 081

## 第五章 监督供应商，价值评估根植于细节

建立供应商评分与考核系统 / 086

供应商分类的两大原则：区别对待，重点管理 / 090

稳定关键供应商，确保长期合作关系 / 094

避免延期，提升供应链的整体效率 / 097

名企案例　丰田公司的供应商管理战略 / 100

## 第六章 规范制造商,建立现代化质量管理体系

利用生产外包,提升企业经营效率 / 104

管理外包合作商,减少合作风险 / 107

生产外包驻厂管理,供应链全程可控 / 111

发展核心技术,才能在竞争中脱颖而出 / 115

**名企案例** 联合利华用供应链部门应对市场变化 / 118

## 第七章 整合运输商,打造仓储物流一条龙服务

优化物流管理,提升供应链的输血能力 / 122

精细化管理,让仓库井然有序 / 126

规划仓库区域,提升供应效率 / 130

不留死角的综合库存盘点法 / 133

用KPI考核评估承运商 / 137

**名企案例** 益邦实现物流升级,应对"双11"物流暴涨 / 143

## 第八章 各环节协同管理,弥补供应链的短板

多方协作打造稳固的供应链 / 148

供应链协同管理为企业带来竞争优势 / 152

供应链协同管理的"三步走"策略 / 156

以集成模式促进供应链协同发展 / 160

**名企案例** 晶链通:整合餐饮供应链,实现协同管控 / 163

## 第九章 控制管理系统，供应链体系升级换代

供应链管理系统助力协同化管理 / 168

供应链运作参考模型推动供应链改善 / 172

企业资源计划系统综合管理每一个细节 / 176

自动化的仓库管理系统 / 180

准时生产制模式：零库存、无浪费的供应模式 / 184

供应商管理库存模式：由供应商负责库存管理工作 / 187

名企案例　屈臣氏的供应链系统建设 / 191

## 第十章 大数据供应链：构建工业4.0智能供应模式

大数据改变了供应链的游戏规则 / 196

企业如何部署大数据供应链 / 200

大数据推动供应链跨界融合 / 204

数字化采购，颠覆传统采购模式 / 208

智慧仓储，打造崭新的高速物流 / 212

名企案例　百世集团：用科技打造智慧型供应链服务平台 / 216

## 附录 220

第一章

# 供应链是企业发展的命脉

供应链是一个网链结构,包含供应商、制造商、运输商以及消费者等多个市场主体。对于企业而言,供应链是保证其发展的命脉,供应链管理的水平将直接影响企业的稳定和发展。因此可以这样说,供应链管理就是现代企业的核心竞争力。企业应当从供应链的产品流、信息流、资金流这三个要素上着手,打造一个强大的企业供应链。

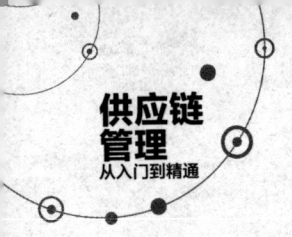

# 供应链是现代商业的基石

供应链的学术定义是：围绕核心企业，从配套零件开始到制成中间产品及最终产品、最后由销售网络把产品送到消费者手中的一个由供应商、制造商、分销商与最终用户所连成的整体功能网链结构。

用一句简单的话来概括：供应链就像一根链条，把企业涉及的各个领域都串在了一起。供应链就是企业的生命线，是企业的大动脉。如果供应链出了问题，企业就会出大问题。

### 供应链是劳动分工的产物

资本主义萌芽的标志之一是劳动分工。拿制作衣服的过程来说，其中有的人种桑养蚕，有的人抽丝剥茧，有的人织布，有的人裁剪，这些流程结合在一起，最终得到的是一件完整的衣服。这一整个流程，构成了一个完整的供应链，每个步骤都是供应链中的一环。

现代社会的经济重心，主要还是工业化大生产。我们知道历史上有三次工业革命。每一次工业革命，都会带来新的技术革命，随之而来的则是市场的大洗牌。新技术带来了新产业，新产业逐渐占据市场的主导地位，建立全新的供应链体系，而旧产业则退居二线。

时至今日，供应链已经发展成为一个网链结构，由供应商、制造商、分销商、销售商、客户和服务商组成,如图1-1所示。这些环节彼此独立,却又环环相扣。它们共同组成了现代商业的基本运作模式。供应链对企业的管理能力提出了新的考验,只有供应链管理有效,企业才能正常运转,否则就会出现各种各样的麻烦。

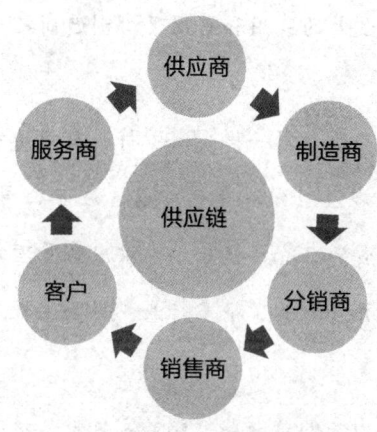

图1-1　供应链六大组成部分

## "衬衣换飞机"的背后是全球产业分工

国内曾经流行过这样一句话:中国出口8亿件衬衫才能买回一架波音飞机。意思是说,以前中国虽然被称为"世界工厂",但是制造的大多是科技含量较低、附加值较低的商品,如衣服、鞋子、玩具等,而很多高科技产品,我们只能依赖进口。因此,有人曾经做过估算,中国出口8亿件衬衫的利润,才能勉强从国外买回一架波音747飞机。

这句话背后体现的正是国与国之间的分工合作,是供应链体系在国际社会上的表现。很长一段时间内,中国在国际社会分工中扮演的都是劳动力角色,发展的都是劳动密集型产业,而高科技产品只能依赖进口,这主要是历史原因

导致的。今天中国正在努力摆脱这种境况，加大科技研发，建设高技术产品的生产和供应体系。

**拓展阅读**

波音飞机的全球供应链

波音公司是世界上最大的民用和军用飞机制造商之一，也是供应链管理的大师级企业。

起初，波音公司和其他公司一样，试图将所有的研发和生产抓在手里，连一颗螺丝钉也不放过。在20世纪80年代以前，波音公司的零部件中只有2%的部分是由外部供应商完成的。80年代后期，供应链管理作为一种新型的商业理念，在欧美地区出现，并且影响了很多行业，再加上资金紧张，波音公司便开始向全球布局供应链。

波音公司首先释放出去的是一些低端的零部件，这样既能保证飞机的整体质量，又能降低成本。后来供应链运用得越来越广，波音公司逐渐将一些重要部件的设计图纸分别交给全球各地的合作伙伴，由他们提供相关的材料部件，最后在西雅图的波音工厂内完成装配。

现在，波音公司的供应链体系已经相当成熟，它只负责总体设计和系统集成，以及少数零部件的生产任务和总装任务，其余大量的分系统和部件都靠国际上的专业公司转包和分包。就以波音787项目为例，该飞机90%的零部件是由供应商制造的，其中由国外供应商制造的更是高达70%，波音公司只负责少数零部件的生产任务和总装任务，这是有史以来波音承担研制生产任务最少的一次。

**专家提醒**

在供应链模式下，各厂家分别对自己的产品负责，既提高了生产效率，也大幅提升了质量水平。它要求组成供应链系统的各个成员企业协同运作，以客户和消费者的需求为导向，共同应对复杂多变的市场。

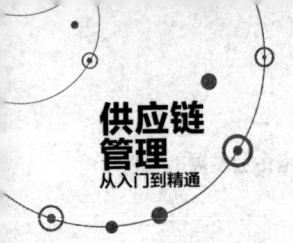

# 供应链管理是企业的核心竞争力

随着经济全球化的推进,跨国采购已经成为一种潮流,世界上的著名企业几乎都会选择加入国际化的商业浪潮。英国著名的供应链管理专家马丁·克里斯多夫非常直白地说:"市场上只有供应链而没有企业,21世纪的竞争不是企业和企业之间的竞争,而是供应链和供应链之间的竞争。"

因此,供应链的管理能力,已经成为评价企业的重要指标,它是所有企业都应关注的核心竞争力。

**供应链管理从四个方面增强企业的核心竞争力**

在经济全球化的大背景下,单打独斗很难走得长远,企业要学会和其他企业并肩作战,组建自己的供应链。供应链管理对企业的影响可以说是全方位的,总结来说,可以分为以下三个方面。

1. 实施供应链管理,可以降低成本

现代化大生产的特点之一就是分工,所有的公司都有自己的主营业务,所有的岗位都有特定的职责。从一颗小小的螺丝钉,到一块大大的包装纸箱,都是通过一个个厂家集中制造出来的。集约化的管理,一方面减少了浪费,另一方面提高了效率,最后得到的肯定是成本低廉且质量可靠的成品。

## 2. 优化资源配置,提高企业的反应速度

通过供应链管理,企业可以在最短的时间内感知到危险,并且迅速行动起来,从而促进产品需求信息的快速流通,以减少盲目生产,避免库存浪费,缩短资金周转时间。

## 3. 各成员紧密协作,促进信息交流

出于工作上的原因,供应链内部的各个成员之间会互相交流,即便是原本互不相识的厂商,也会聚在一起。这样一来,企业就能掌握市场上的各种信息。要知道在竞争激烈的市场上,谁能掌握关键信息,谁就能脱颖而出。

### 供应链管理的六大核心模块

供应链管理涉及企业方方面面,从市场调研,到订单采购、批量生产、物流仓储等,都被囊括在内。

一般而言,供应链管理涉及六个核心模块,如图1-2所示。

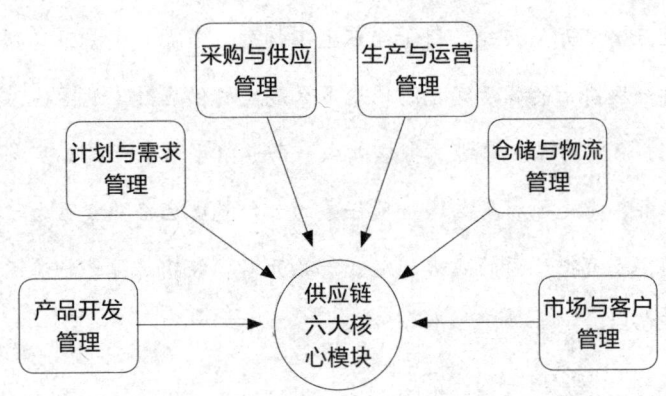

图1-2 供应链管理的六大核心模块

做企业和开商店不同。因为商店经营者只需要坐在家里,等着商家发货,补充一下货架上的货源,再卖给前来购买的顾客就行了。这种经营管理模式比较单一,不会出现太大的风险,但是上升空间也有限。

做企业需要面对的是更加广阔的世界,企业要对供应链上的一系列环节进行整合,分别进行管理,涉及原材料采购、生产管理、质量管理、仓储物流、销售售后等,此外还要考虑与上下游其他成员的合作关系。

### 拓展阅读

#### 一块饼干的原料供应链

2015年8月,奥利奥饼干的母公司——亿滋国际有限公司由于经营业绩持续下滑,宣布在中国市场裁员,调整生产计划。据报道,该公司在上海的工厂面临关停,"上海工厂只剩一条生产线运营,原料库存基本用完",这是关厂的先兆。对此,亿滋公司给出的解释是:"为了进一步优化公司供应链,亿滋中国正在着手将上海工厂部分产能转移到苏州工厂,随着这条生产线的转移和优化,所需要的劳动力将会相应减少。"

工业生产离不开供应链,饼干生产也不例外。下面我们就通过饼干的原料供给来看看一块饼干的背后究竟隐藏着多么庞大的供应链(见图1-3)。

通过图1-3我们可以看到,要想成立一个专门生产饼干的工厂,前期就要做好各项准备,光是原料采购这一项任务的工作量就已经非常巨大了。这还只是原料采购,没有把厂商的战略制定、产品开发、经销工作、物流运输、市场管理等包含在内。

# 第一章 供应链是企业发展的命脉

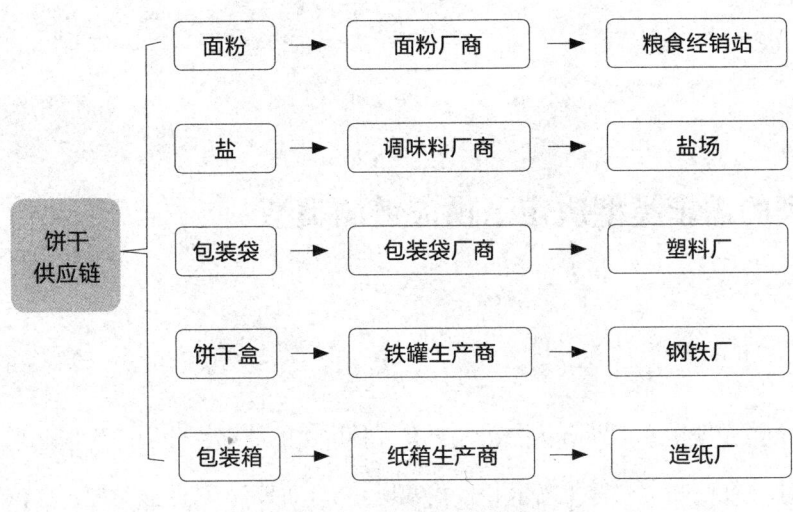

图1-3 饼干原料供应链

**专家提醒**

21世纪的企业要想立足于国际市场,供应链管理是不得不面对的问题,应成为企业经营管理中最重要的工作之一。供应链管理的水平,将决定企业的核心竞争力。

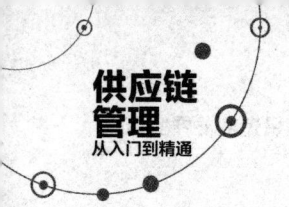

# 人类的需求类型决定了供应链的类型

美国心理学家马斯洛认为,人类有五种层次的需求,分别是生理需求、安全需求、社交需求、尊重需求和自我实现需求。而每一种商业类型,在供应链上又有着明显的不同。从这一点来看,人类的需求类型决定了供应链的类型。

**马斯洛需求理论的五种层次**

根据马斯洛需求层次理论,人们有以下五种层次的需求。

(1)生理需求:满足衣、食、住、行等基本生理的需求。

(2)安全需求:当基本的生理需求满足后,人们就会开始关注安全层面的问题,如饮食安全、身体健康等。

(3)社交需求:人是群居动物,需要友谊、爱情以及隶属关系等,只有在与人交往的过程中,才能感受到人的社会属性。

(4)尊重需求:人作为一个独立的个体,需要受到他人的尊重和认可。

(5)自我实现需求:体现为对人生价值的需求,也是最高层次的需求。

总的来说,需求的层次越高,就越不容易被满足。

人类的一切行为,都是围绕着这五种需求层次产生的,商业活动也不例外。比如,街边的包子铺,满足的是人们的生理需求;医院里的感冒药,满足的是人们的安全需求;手机通讯,满足的是社交需求;宴会的邀请函,满足的是尊重需求；奥运会金牌，满足的是自我实现需求。

**三种供应链类型**

我们可以将供应链分为以下三种类型。

1. 高效率型企业供应链

这种类型的供应链用来满足人们的生理需求和安全需求。其在满足基本需求的同时，会尽可能地降低成本。

这种供应链模式广泛存在于人们的日常生活中，所占的规模是最大的，因为衣、食、住、行几乎囊括了大多数行业。比如，人们要买一件衣服，就会看它的料子好不好，保暖效果如何，款式好不好看，价格能不能接受。制衣厂在制作衣服的时候，就会努力满足用户的这些期待，一方面挑选合格的用料，另一方面尽力控制价格。

2. 快速反应型供应链

这种类型的供应链用来满足人们的安全需求和社交需求。其以速度为第一考虑要素，注重在最短的时间内响应客户的需求。

安全需求和社交需求都对速度方面有要求。安全需求方面，要求产品能及时发挥作用，比如，医疗产品，药厂必须争分夺秒地赶制药品，不能等到人病了以后才开始研发。社交需求方面，企业要做的就是让客户更方便地交流。这种企业必须及时响应客户的需求，时刻紧跟客户的反馈意见，与客户保持联系，还要有应对突发状况的能力。

3. 创新型企业供应链

这种类型的供应链用来满足人们的尊重需求和自我实现需求。其强调满足客户不断变化的需要，看重灵活性。

人类的生理需求、安全需求、社交需求基本上是固定不变的，几千年前

的他们吃大米,几千年后的我们依然吃大米,只是从饿着肚子发展到丰衣足食了。而尊重需求和自我实现需求是不断变化的。这体现在产品的创新和功能研发上,要求企业能紧跟市场需求的变化,开发新产品,并迅速占领市场,以与客户不断变化的需求相适应。比如,巴黎和米兰的时装设计师每天都在苦思冥想,试图设计出符合消费者口味的新型时装,但是这种产品的不确定性太高,可能今年流行,明年就被淘汰了。

**拓展阅读**

供求关系下的两种供应链导向

我们知道,因为人类有各种需求,所以出现了各种行业,而行业的特殊情况,又使得供应链各具特色。所以说,供求关系才是决定供应链走向的根本因素。

按照供求关系,可以将供应链分为需求导向型供应链和资源导向型供应链。

1. 需求导向型供应链

人们先出现了某种需求,然后才想到寻找供应链,我们把这种供应链称为需求导向型供应链,因为这时企业的眼光主要放在消费者身上,一旦消费者的需求发生变化,供应链也会立即跟着发生变化。

2. 资源导向型供应链

有时,一个人或者企业拥有大量的资源,如资本、矿产、权力、知识等,就会寻找相关的企业,围绕着这些资源,形成一条新的供应链,这种供应链叫作资源导向型供应链。

供应链是为了满足人类的需求而出现的一种经济模式,在人类不同需求层次的影响下,供应链也出现了不同的类型。在现实生活中,这几种类型的供应链并不是完全隔绝,而是互相影响的,共同支撑起社会的分工体系。

# 供应链的三股支流：产品流、信息流、资金流

企业的供应链不是静止不动的，而是像一条河流，裹挟着原料、资金、技术等，在商业活动中的每一个参与者旁边流淌。而这条庞大的河流，又有三股支流：产品流、信息流、资金流。

供应链管理，实际上就是对产品流、信息流和资金流的集成管理。调整供应链设计，就是对产品流、信息流、资金流的重新整合。

**企业管理中的"哲学三问"**

网上曾经流行过这样一个段子：学校门口的保安都是深藏不露的哲学家，见到任何一个陌生人，他们都会过去，发出人类历史上最有名的哲学三问："你是谁？你从哪里来？要到哪里去？"

其实，企业管理中也存在"哲学三问"：这是一家什么企业？要做什么？怎么做？（见图1-4）

图1-4 供应链的三股支流

1. 这是一家什么企业：企业的主营产品是什么→产品流

企业的性质，实际上是由主营产品决定的。如果流水线上下来的是一箱一箱的面包，那么这就是一家面包厂，厂牌上也应该写成"×××面包厂"，或"×××食品有限公司"，而不是"×××服装有限公司"。

产品流是供应链的根本，涉及采购、生产、仓储、运输等领域。管理产品流，就是为了提高这些领域的效率。

2. 要做什么：企业如何根据信息制定任务→信息流

市场瞬息万变，任何一件事都有可能对企业产生深远的影响，所以企业必须重视对信息的搜集，不能闭门造车。

信息流是供应链的神经系统，主要通过数据表现出来，为识别问题、分析问题、做出决策提供数据支持。对信息流产生影响的有信息技术的因素，但更多的是人的因素，包括消费者的思维转变以及市场行情的变化。

3. 怎么做：企业需要付出多少成本→资金流

企业的经营离不开钱，从招聘人员，到购买设备，再到购进原料开始生产，这些都需要足够的资金支持。因此，资金流是供应链的动力。

**循序渐进地调整供应链设计**

企业经营管理者做出的决策，其实都是围绕产品流、信息流、资金流这三个方面进行的。对产品流、信息流、资金流重新设计，逐步优化，是提升供应链运行效率的有效方法。

这个优化的过程，应当是循序渐进的，一步一个脚印，根据实际表现逐步调整。要知道，在图纸上乱画很容易，但是实际运行就不那么简单了。调整供应链设计并不是一件容易的事，而是要进行综合考量的。供应链设计牵一发而动全身，要将产品流、信息流、资金流全部考虑在内。

很多企业家从公司外部调来优秀人才，对公司进行改革，却经常以失败告终，也正是由于这个原因，这些外部调来的人才，人们喜欢将他们称作"空降兵"。"空降兵"大多是行业内的顶尖人才，经验和能力远超常人，但是他们并不是从企业内部成长起来的，往往对企业的产品流、信息流、资金流缺乏足够的了解，贸然对企业进行改革，一下子很难取得理想的效果。

**拓展阅读**

供给侧改革：一场国家层面的供应链设计

2015年，中国政府提出了供给侧改革，全称是"供给侧结构性改革"，政府提出了供给侧改革的五大任务：

（1）去产能——积极稳妥地化解产能过剩；

（2）降成本——帮助企业降低成本；

（3）去库存——化解房地产库存；

（4）补短板——扩大有效供给；

（5）去杠杆——防范化解金融风险。

仔细研究一下便会发现，这是一场国家层面的供应链管理调整。简单来说，就是过去的产业结构太低端了，虽然有低成本优势，带动了各个产业的发展，但是这种经济结构是非常脆弱的，同质化竞争激烈，生产规模增长过快，造成了库存积压。如果不及时进行改革，最后肯定会爆发经济危机。

供给侧改革，就是用改革的办法推进结构调整，减少无效和低端供给，扩大有效和中高端供给。其中一个重点是"去杠杆、去产能、去库存"，用消费升级促进产业结构的优化和调整。

产品流、信息流、资金流虽然是互相独立的,但是在实际运用过程中,它们三者往往是相互影响的。在改进和优化其中任何一项时,都难免会对其他两项造成影响。因此在设计供应链时,应当做综合考量。

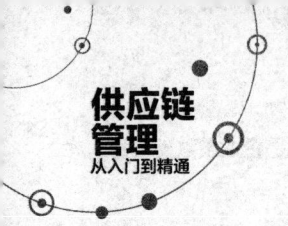

## 名企案例 劳斯莱斯的"40天引擎计划"

劳斯莱斯是世界上顶级超豪华轿车厂商,同时也是一家专业从事飞机引擎生产的厂商,空客和波音飞机都曾采用劳斯莱斯公司提供的引擎。作为世界上最大的引擎制造商之一,劳斯莱斯在供应链管理方面有着丰富的经验,其在2000年推行的"40天引擎计划",更是成为商界典范。

**市场挑战迫使劳斯莱斯进行供应链改革**

在制造业领域,一直以来有这样一种说法:和汽车行业相比,飞机行业的供应链体系至少落后十年。这可能是因为飞机的制造工艺更复杂,仅仅是一个发动机的制造,就需要耗费大量时间。过去,劳斯莱斯从接单到交货,耗费时间长达260天,这还是顺利交货的情况。假如出现了意外状况,推迟一年半载才交货也不稀奇。

这么长的供货周期,部分是由于生产管理混乱导致的。劳斯莱斯和世界上其他公司一样,在工厂车间内生产飞机引擎,一整套流程包括许多环节。虽然做的是世界上最精密的仪器,但是管理上却比较混乱。各个工厂之间很少沟通,供货和发货还需要催促,工人们有时会调侃这种现象:"找个零件比造个零件还困难。"

显然,这种状况不能一直持续下去,因为劳斯莱斯已经遇到了外界的挑

## 第一章 供应链是企业发展的命脉

战。这个世界上并不是只有劳斯莱斯一家飞机引擎制造商，美国有通用、普惠和波音，德国有莱茵，法国有达索，俄罗斯有米高扬、苏霍伊，韩国和日本也有制造能力。

从库存周转率来看，劳斯莱斯的库存积压一度接近30亿英镑，远远超过竞争对手。国际市场波云诡谲，暗流涌动，巨大的危机感降临，迫使劳斯莱斯掀起供应链改革。2000年，劳斯莱斯发动了"40天引擎计划"，即引擎的供货周期压缩至40天。也就是说，客户从下单到收货，中间只需要40天。

### 劳斯莱斯改造产品流和信息流

要将生产周期压缩至原来的15%，还要保证质量和产量，这可不是一件容易的事。供应商的生产时间是固定的，尤其是很多零部件设计独特、工艺复杂，实际加工时间可能就有几个星期甚至几个月。因此，劳斯莱斯需要在供应链上进行一次大手术。

在供应链的三大支流中，劳斯莱斯最不缺的就是资金，因此改革主要集中在产品流和信息流上。

对于产品流，劳斯莱斯给出的解决方案是精益生产，规范流程。比如，在引擎设计方面，重新设计零件编号，简化生产流程，精简供应商数量。这些都有助于集中采购，提高规模效益。对供应商采取集中管理，将生产与采购、运输等部门协调起来，使得生产系统更加流畅，生产周期大幅缩短。

对于信息流，劳斯莱斯给出的方案是建立统一的信息平台，启动SAP（System Applications and Products）作为供应链管理系统，让各部门有了统一的信息平台。比如，在每辆运输卡车上配备GPS定位系统，并且将零件的订单、数量等信息传入SAP平台上，这样就实现了全员信息共享。

"40天引擎计划"实行之后，很快就取得了效果，即交货周期逐步下降，库存周转率得以提升。

**拓展阅读**

### 中国航发：完善中国航空供应链的关键环节

2016年5月31日，中国航空发动机集团公司（以下简称中国航发公司）在北京正式注册，注册资本500亿人民币，其是一家国有公司，也是中国首家航空发动机制造商。过去，世界上较为成熟的发动机生产商都在发达国家，中国没有自己的大飞机，很大一部分原因都是因为发动机这个"软肋"。而中国航发公司的成立，就是为了摆脱对西方的依赖。

中国航发公司的成立，也是在借鉴国际航空产业发展趋势之后做出的决定。纵观国际社会，航空发动机公司都是独立的。比如，波音、空客、洛克希德等公司都是航空领域的王牌力量，旗下有多种军用飞机和民用飞机，但是研制发动机的工作却只由通用电气（GE）、普惠（PW）等完成。成立中国航发公司，目的就是整合国内的资源，将分散的科研和生产力量凝聚成一只铁拳，参与国际竞争。

由此可见，中国航发公司的成立，凝聚了国家和民族的巨大期望，成为建设完成中国自己的航空供应链上的关键环节。

在产业分布方面，中国拥有39个工业大类、191个中类和525个小类，是全世界目前唯一拥有联合国产业分类中全部工业门类的国家。但是在供应链方面，中国仍处于发展阶段，还有很大的成长空间。

## 第二章

# 着眼全局，解读供应链的核心因素

供应链是很多复杂事物的集合体，管理人员应当培养自己的全局观念，从全局入手，方能抓住供应链的核心要素，进而推动供应链的高绩效管理，满足企业的战略要求。企业的供应链健康与否，可以凭借其他一些信息判断，如企业是否盈利、管理是否顺利等。

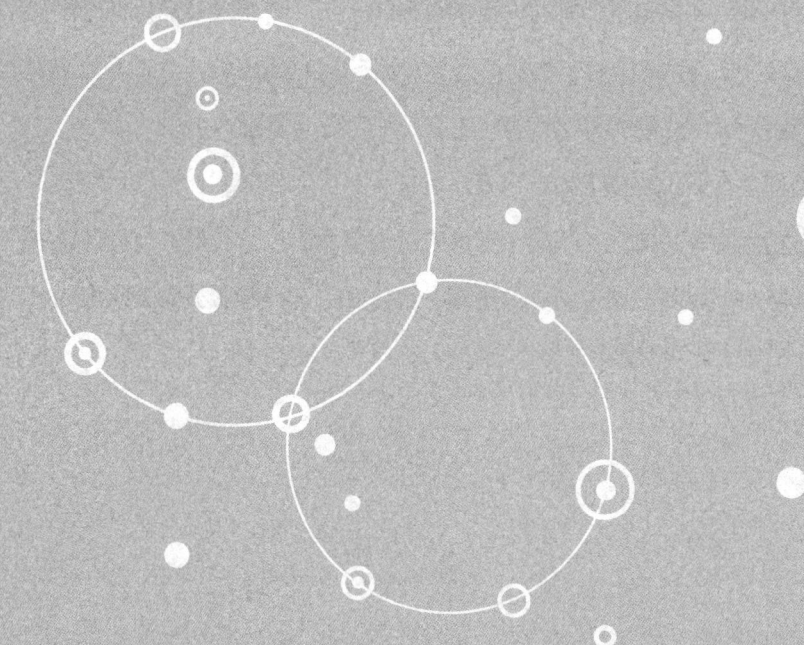

# 供应链管理者要有全局观念

在国际贸易中,美国、日本等发达国家和地区长期担任领导者,而中国一直以来扮演的是学习者的角色,对供应链的理解并不深刻。然而,随着社会的发展,中国必须进行经济转型,要想建立一流企业,在国际贸易中占据领导地位,就必须重新认识供应链,并且打造属于自己的供应链。

**着眼全局,把握供应链管理的本质**

作为一名供应链从业者,经常被问到:供应链管理究竟是什么?面对这个问题,不同的人会有不同的答案,采购人员认为供应链管理就是找到合适的供应商,然后让供应商在规定的时间内提供合格的产品;仓储人员认为供应链管理就是把产品摆放得井然有序,并且在规定的时间内完成出货;品质人员认为供应链管理就是确保成品质量,让客户满意,尽量做到零投诉……

这些人都是企业供应链上的参与者,但是受到工作的限制,他们只能看到与自身工作相关的那一部分,却看不到供应链的整体面貌。我们在前面已经说过,供应链是由供应商、制造商、分销商、销售商、客户和服务商等组成的,而在实际生活中,主要涉及供、产、销三大领域(见图2-1)。

# 第二章 着眼全局，解读供应链的核心因素

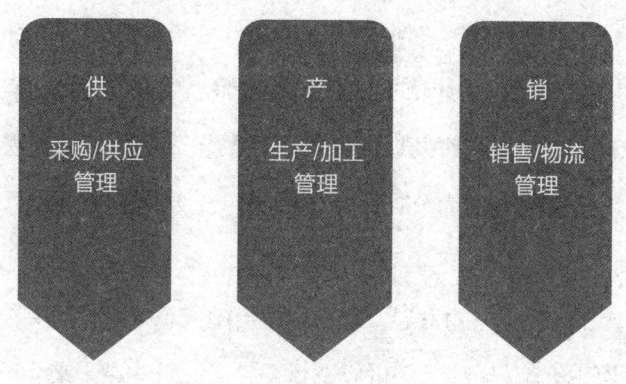

图2-1 供应链的三大领域

这三个领域是商业运营的原始模块，后来的一切新内容，都是在这三个领域的基础上发展起来的。因此了解这些之后，我们完全可以从整体上把握供应链的本质，即通过管理，向客户提供合格的产品和服务。

供应链涉及企业的各个方面，所以看起来非常复杂，需要非常强大的统筹能力。我们只需要了解供应链究竟是怎样运营的就可以了，完全没有必要感到惊慌，因为全面统筹和协调供应链的六大核心模块是公司总经理的任务，初学者要负责的不过是其中的一个方面而已。

## 供应链管理和采购之间的关系

说到供应链管理，就不得不提到采购，因为很多人都将供应链管理和采购混为一谈，其实二者根本不是一回事。采购是供应链管理的一个环节，它是企业内部供应链的起点，也是和外部供应链相联系的节点。

在现代企业中，采购不是买东西那么简单，除了考虑性价比之外，还要考虑长远的规划。简单来说就是，企业需要建立的是长久的、稳定的供应链，这就需要找到一个可靠的、稳定的供应商当合作伙伴，不能只考虑做一锤子买卖。

为了实现利益最大化,企业和供应商之间会进行协商,实现合作共赢,采购人员在其中扮演着不可或缺的角色。一般而言,小企业的采购人员很多时候是由老板兼职的。待企业发展壮大以后,很多设备和原料都需要从外部采买,外购额逐渐增长,成为公司开支中的一笔重要款项,于是采购就变得重要了。

随着全球经济一体化的发展,跨国企业会越来越普遍,国家与国家之间、地区与地区之间也会建立庞大的供应链体系,因此采购在未来会更加独立,在供应链的整体网络体系中,持续发挥重要的作用。

**拓展阅读**

**齐家网:SSF战略打造全局生态供应链**

对于家装企业来说,供应链是重中之重,因为家装行业对原料的依赖性特别强。在其他行业,用户或许非常看重品牌,但是在家装行业,用户对品牌的认知度不高,反而更看重实物效果。在这样的背景下,如何打造自己的品牌,用品牌提升供应链的价值,成了很多家装公司的痛点。

2018年11月21日,齐家网峰会在上海拉开帷幕,会议的主题是"把脉未来·重塑竞争"。在这次会议上,齐家网公布了2019年SSF战略。SSF战略,即深构生态供应链体系(Supply-Chain)、深化家装信息化建设(System-Informatization)、深挖家装生态金融场景(Financial-Ecology)。这三个措施同时进行,帮助企业完成转型与升级。SSF战略的目的是从信息方面着手,填补技术上的短板,摸清用户的需求,以供应链为抓手,打造全新的品牌价值。

第二章 着眼全局，解读供应链的核心因素

**专家提醒**

要想做好供应链管理，首先要具备供应链思维和素养，从全局入手，了解供应链的运作模式。如此才能结合实际，真正理解自家的企业供应链究竟需要什么。

# 流程管理是供应链健康的晴雨表

企业必须有一套简洁、高效的流程,这样才能顺畅地运转,供应链作为企业的一部分,自然也需要进行流程管理。事实上,流程管理是否顺畅,在一定程度上能反映供应链的质量好坏,所以说流程管理是供应链健康的晴雨表。在现代企业中,借助清晰明了的流程管理,可以大幅提升供应链的灵活性,简化臃肿、烦琐的供应链,为企业带来更多的价值。

**流程管理直接影响供应链的健康与否**

企业做事必须有章法,章法也就是我们所说的流程。在企业的整个供应链中,大致包含了物资流通、商业流通、信息流通、资金流通四个流程。

(1)物资流通:即商品流通的过程,商品从厂家、销售商、分销商等流通到消费者手中。

(2)商业流通:即接受订货、签订合同等的商业流程。

(3)信息流通:是指商品及交易信息的流程。

(4)资金流通:是指资金从消费者手中经零售商、批发与物流、厂家等流通到供货商手中。

企业管理很大程度上就是对流程的管理,四个流程中,无论哪一部分出现问题，都会导致整个供应链的混乱。

通过引入先进的流程设计，企业可以对内部的经营管理事务进行规范。比如，当一件事情需要两个以上的岗位或部门进行协作时，流程是一种很好的工具。在秩序井然的流程管理下，公司内外所有的繁杂事务都能被处理妥当，从而为公司创造价值。在规范化的流程中，供应链上每个人的责任、工作内容、工作次序等，都有清晰的界定，这使得人们能够按照预定的规范做事，从而减少失误，持续提高效率，获得竞争优势。

**精益管理使供应链流程可视化**

供应链是个庞大的组织，大多数人只参与其中的一部分，难免"不识庐山真面目"。要想看清供应链的本质，从整体上把握供应链，就要简化其中的各项流程，使供应链可视化。如果供应链不能变得可视化，而仍旧延续以往那种复杂、混乱的管理模式，那么市场上的需求变化就不能被及时地传递给企业，企业的生产、供应、销售等环节就会受到影响。

在现代企业中，尤其是生产型企业，精益管理已经成为主流管理模式。精益管理的核心精神就是消除供应链中一切不必要的东西，从而简化流程，使复杂的供应链清晰可见，增强企业对供应链的调控能力。

如何才能使供应链流程变得可视化呢？首先，所有接触产品的参与方必须能看到相关产品的实时信息，保证将产品准确地转交给客户。其次，他们还必须相信这些信息的准确性和来源。信任可以随着时间的推移不断积累，或者也可以通过合同和框架性协议书被立即建立起来。

> **拓展阅读**

### 惠普公司打通供应链系统

惠普（HP）是世界上最大的信息科技公司之一，在几十年的经营中，积累了丰富的供应链管理经验。

起初，惠普公司和市场上的其他公司一样，将很多零部件的生产任务一一外包出去，建立属于自己的供应链。但是早期的供应链管理技术还不是很成熟，给企业造成了很多损失。以显示器外壳为例，惠普公司把大部分的电脑制造业务外包给了合同制造商，其中包括旭电公司（Solectron）和天弘公司（Celestica）等，而这些制造商又把显示器外壳分包给注塑厂，注塑厂又要从树脂厂购买原材料，这就构成了一个局部供应链。但是在这个局部供应链中，存在一个问题，那就是信息的闭塞性，惠普公司只和制造商联系，不会与注塑厂、树脂厂联系，因而这些下级供应商不得不维持大量的库存，免得惠普公司突然加大订单需求量。而惠普公司也很难掌握下级供应商的真实情况，在做战略计划时，心里总是没有底气。

认识到这个问题之后，惠普公司的高层管理人员决心打通供应链流程，他们建立了一套专门的管理系统，使供应链上的所有厂商都能参与其中，共享信息，做到协调一致。惠普公司将自家的需求量输入系统，公示给其他合作伙伴，这样合作伙伴就能根据这些信息及时做出调整。整合后的流程极大地提高了供应链的绩效，达到了多赢的效果。

第二章 着眼全局，解读供应链的核心因素

供应链是由一个个流程组合起来的，在供应链这个大系统内，需要进行不同程度的流程管理。每一项流程的深度优化，都是为了从局部优化供应链。

加入供应链读者交流群

与专家、读者分享和深入探讨供应链的各个环节

▶ 入群指南详见本书 首页

# 病态的组织结构阻碍供应链运转

在中国，大多数企业的供应链管理仍处于入门级水平，甚至没有建立统一的供应链管理部门。企业管理者仍然用落后的粗放式管理思想看待供应链，导致组织结构出现各种问题。企业的组织结构不能随意设置，而应该围绕供应链设计，每个部门或岗位的职责都应该体现在业务流程中。

**企业管理中的四种病态结构**

很少有企业会为了管理供应链专门设立一个部门，而是将供应链管理的职能分散在各个部门里。虽然也能发挥作用，但是始终难以达到一流水准。组织结构上的问题，始终制约着供应链管理水平的提升。

常见的病态组织架构有以下四种。

1. 领导太多

在很多企业里，机构非常臃肿，一个部门可能出现多个领导，且这些领导的权力都是一样的。这种结构看似是组织健全的表现，其实是典型的人力资源浪费。俗话说"三个和尚没水吃"，领导多了，就容易互相推诿，反而影响工作效率。

2. 员工太少

在有些公司里，领导比员工的数量还多，一个员工被好几个领导管着，最终办事的人却少得可怜。在这样的公司里，员工的心里肯定不平衡，最后要么消极怠工，要么辞职走人。团队不稳定，供应链自然也不可能健康。

3. 交叉管理，越权管理

企业管理中有一个很重要的原则，就是层层负责制，员工只对直属上司负责。但是在一些企业里，经常出现这样一种结构：员工不仅要对直属上司负责，还要被其他领导指挥，这就是交叉管理。交叉管理的本质是越权管理，导致的结果就是管理混乱，因为员工不知道到底该听谁的。

4. 岗位职责模糊不清

组织结构中的每个岗位，都要有专门的岗位职责说明，以规定具体的工作内容。岗位职责模糊不清，带来的结果就是业务混杂、流程混乱。如果企业的岗位都出现这样的问题，那么供应链管理将无从谈起。

**理清供应链的组织架构**

在目前的市场上，企业的供应链管理水平总体不高，但是也有一些大企业在一片混乱的供应链管理中取得了突破，设立了专门的供应链管理部门。比如，华为有首席供应官的职位，与主管设计、营销的公司副总并列，承担整个供应链职能。而华为的供应链管理部门又包括客服、计划、物流等岗位，形成了集成供应链（ISC）。

因此，为了使供应链运转顺利，首先得理清组织架构，这是建立企业供应链运作机制的第一步，只有解决了组织上的障碍，才能搞好整个供应链。企业须建立适应供应链业务流程的组织架构，使之扁平化。组织架构应以产出为中心，而不应以任务为中心，更不能因人设岗。具体的设计，需要组织相关人员集体讨论设定。要结合实际，把企业的业务特性、规模大小、绩效考核等各方面因素统筹考虑进去，还要考虑企业的中长期目标。

> 拓展阅读

华为：创新流程整合供应链

华为是世界上最大的通信科技公司，业务遍布全球，拥有强大的产品供货能力。然而最初成立时，华为不过是一家生产用户交换机（PBX）的香港公司的销售代理。

20世纪90年代初，华为开始生产电信设备，成为一家电信设备制造商，而当时的中国市场已经被摩托罗拉、思科等国外品牌瓜分完毕。和这些老牌通信巨头相比，华为的供应链非常弱小，企业采用粗放式管理，其IT系统刚刚建立，供货能力处于低端水平。

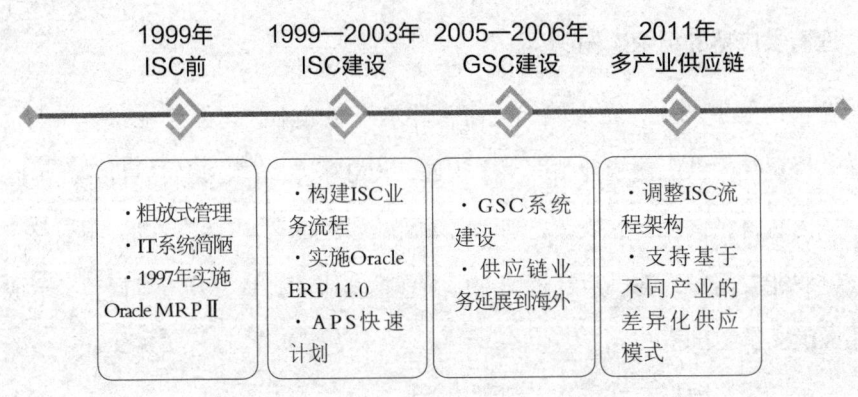

图2-2　华为供应链流程发展史

为了在激烈的市场竞争中赢得一席之地，华为创始人任正非决定建设属于自己的供应链。1993年初，华为在西门子技术人员的帮助下，对立体仓库、自动仓库、生产线布局等生产流程进行了总体设计；1997年华为围绕Oracle MRPⅡ（制造资源计划）对供应链进行重整，构筑起一套以客户为中心的、成本低

## 第二章 着眼全局,解读供应链的核心因素

廉的流程;2005年开始GSC(全球供应链)建设,将供应链拓展至海外;2011年开展多产业供应链,并再次调整ISC架构。

通过这一系列的架构调整,华为在竞争激烈的市场中走出了一条属于自己的道路,华为人设计了一个规模庞大的供应链,并通过提高灵活性和快速反应能力建立起竞争优势。

> **专家提醒**
>
> 供应链管理这个理念很晚才建立起来,传入中国也不过一二十年。很多企业家空有供应链的概念,却没有管理学的常识。要想使供应链畅通无阻,就必须设立相应的组织结构。

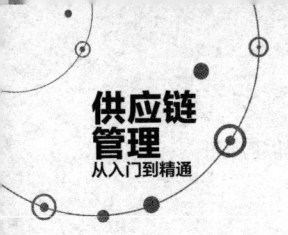

# 复杂度制约了供应链的高度

很多人对供应链管理存在误解，他们认为供应链越复杂越好，供应商越多越好，这样就能逐个压价，降低企业的成本。然而实践证明，供应链越复杂，管理的难度越大。对于企业而言，废除不必要的系统，建立简单易行的供应链管理体系，才能减少支出，确保企业能够盈利。

**复杂度是阻碍企业供应链发展的枷锁**

供应链的管理能力，是考验企业家水平的一块试金石。管理供应链并不是一件容易的事，试想一下，管理一家企业就已经让许多人焦头烂额了，更何况是成百上千家企业组成的供应链呢？

复杂度就像一把枷锁，不仅影响供应链的灵活性，还会降低企业对库存和资金的掌握能力。因此，企业应当尽量降低供应链的复杂度，以提高效率，避免失误率。

走进一家快餐店，我们会发现店里提供的商品种类很少。比如，麦当劳和肯德基以鸡腿、汉堡、可乐、薯条为主；庆丰包子，出售的也不过是包子、蒸饺等小吃，种类非常有限；即便是许多看似复杂的中式快餐，每餐提供的品类也不会超过20种。这些企业通过提供标准化服务的方式，把供应链的复杂度降至最低，确保了服务的高标准和高效率。

供应链的复杂度是日积月累形成的。在设计供应链的时候，人们出于各种考虑，增加了一些预防措施。比如，生产人员希望买来的零件越齐全越好，设计人员希望设计越独特越好，营销人员希望产品种类越多越好。一来二去，公司的决策越来越多，供应链也日趋复杂。

### 砍掉冗余的岗位，让企业轻装上阵

效率就是企业的生命，所以在设计供应链的时候，一定要尽量简化其结构，尽量减少岗位，将复杂度降至最低。这可不是一件容易的事，要知道当初设计供应链的人也都是行家里手，否则公司也不会请他们来执掌这项工作了。要优化设计出来的作品，其难度可想而知。

要简化岗位，可以从两个方面考虑。一方面，对供应链进行大刀阔斧的改革，把能废除的全部废除。对于供应链系统的去留，我们可以用一条简单的原则——是否能盈利来衡量。只要符合这条原则的，就全部留下；不符合的，就一律淘汰。很多大公司在陷入困境时，往往会选择大规模裁员，其背后的原因很简单，就是留下能盈利的，淘汰不能盈利的。

另一方面，保留一些独特的岗位。有些部门可能暂时不能盈利，但是必须存在。比如，研发部门，有些研发项目的周期很长，短时间内难以看到效果，但是企业必须付出这笔成本。

通过以上两方面的考量，企业留下的都是精兵强将，然后把资源集中在他们身上，使公司走得更远。

**拓展阅读**

**战略失误使圣戈班公司损失惨重**

圣戈班公司是一家历史悠久的建筑产品生产商，总部设在法国。在建筑产品领域内，圣戈班是当之无愧的领导者，多项产品位列世界第一，如隔音保温

材料、工业陶瓷、磨料磨具、管道系统等。圣戈班公司在全球拥有近17万名员工，2017年销售额460亿美元，在2018年《财富》世界500强中排名第231位。

然而就是这样强大的公司，也照样在经营管理上犯过错误。2000年前后，半导体行业火热，圣戈班公司也不甘落后，即很快收购了一批中小企业，进军半导体行业。

然而现实没有想象中的那么美好，圣戈班公司原本打算建立一套属于自己的半导体供应链，却没想到走错了方向。圣戈班公司没有事先对市场进行充分的考察，在行业热度达到顶点时入场。很快，世界范围内的网络泡沫破裂，半导体行业也急剧衰退，给圣戈班公司带来了巨大损失。

当竞争对手纷纷裁员时，圣戈班公司还是没能及时反应过来，继续坚守供应链。当半导体行业的寒冬来临时，圣戈班公司终于坚持不住了。他们把之前兼并的企业低价抛售，以壮士断腕的勇气止损了。

**专家提醒**

企业在发展壮大的过程中，难免会变得臃肿，那些曾经在世界上独占鳌头的企业莫不如此。随着岗位机构的臃肿化，企业的供应链也变得越来越复杂，最终这些企业丧失了竞争力，被新的企业取代。

## 名企案例 三星集团的"黑科技"——全供应链战略

三星集团是韩国最大的跨国企业集团，也是全球知名的500强企业。三星集团在多个领域从事经营活动，包括电子、重工业、金融服务业、生活服务业等，其中三星电子最为消费者所熟知。在手机制造领域，三星电子采用纵向集成的供应链模式，拥有极强的研发和垂直整合能力，仅靠内部资源整合，就可以完成一部手机的研发、生产、上市和销售。

**供应链布局为三星提供强大的战斗力**

三星集团很早就开始进行供应链布局，如今他们的触角已经遍及芯片、存储、液晶屏幕等领域，连续多年做出了漂亮的业绩。2012年超过诺基亚，三星集团成为智能手机领域的供应链霸主，至今仍然凭借雄厚的实力位居全球顶尖手机厂商行列。

三星集团就像一个庞大的供应链帝国，在电子元件领域掌握了核心技术。从一部智能手机的成本构成来看，主芯片、显示屏、摄像头和存储四者占了原材料成本的50%～70%，而这些领域都是三星的强项。三星不仅将研发出来的电子元件用在三星手机上，还对外输出，与苹果、华为等众多竞争对手达成合作。这些一线手机厂商，都无法摆脱显示屏、存储等元件对三星的依赖。比如，苹果的A9处理器就是由三星和台积电共同生产的，华为和小米的内存也是从三星订购的，很多智能手机的显示屏也都是由三星提供的。

多年以来，三星集团凭借强大的供应链获得了极强的话语权和议价权，在竞争激烈的手机市场始终保持领先地位。

**三星管理供应商的五项原则**

三星对供应链极其重视，在三星公司的集团官网上，专门有一项"可持续发展—供应链"的选项。如今，三星集团在全球范围内运营着包括2500多家供应商的供应链，这些供应商都要遵守"三星供应商行为准则（见图2-3）"，并按照当地有关规定和国际标准运作。

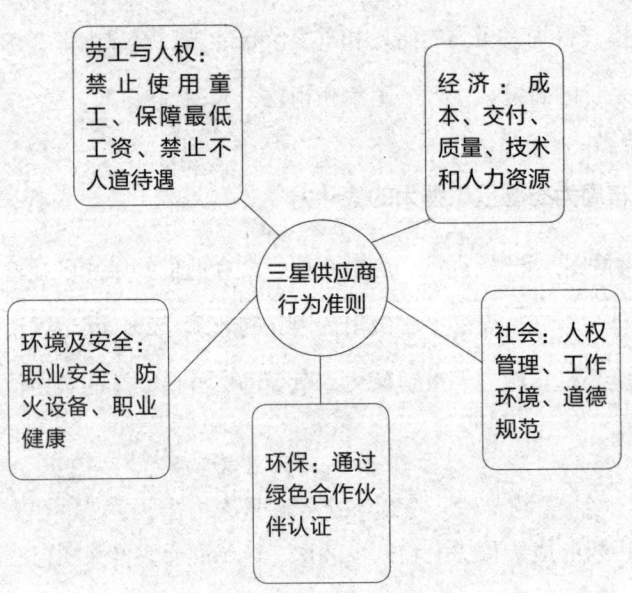

图2-3　三星供应商行为准则

三星对供应商的管理，主要体现在五个方面：经济、社会、环保、环境及安全、劳工与人权。

（1）经济：作为一家企业，三星首先要考虑的是盈利，因此会从成本和质量方面对供应商进行综合考量，确保在成本、交付、质量、技术和人力资源等方面拥有全方位的竞争优势。

（2）社会：作为一家跨国企业，三星要求供应商在人权管理、工作环境、道德规范等方面遵守国际标准和条例。

（3）环保：对于大型企业而言，环保是一道不可不考虑的红线。三星只与通过绿色合作伙伴认证的供应商合作，以便评估和管理其组件、原材料和制造过程中可能发生的环境影响。

（4）环境及安全：三星要求供应商提供良好的工作环境，满足各项安全标准，如职业安全、防火设备、职业健康等。

（5）劳工与人权：对劳工与人权方面进行考核，如禁止使用童工、保障最低工资、禁止不人道待遇等。

**拓展阅读**

### 中国手机供应链逐步走向成熟

如果把三星的纵向集成供应链比喻成一头猛虎，那么来自中国的手机厂商的供应链模式则可以看作是群狼。在智能手机领域，中国依旧充当了"世界工厂"的角色，涌现出众多手机厂商，从以前的"中华酷联"，到现在的"HOVM"，厂商们表面上各自为战，实际上却养活了背后众多的供应商。有人曾经半开玩笑地说："在华强北逛一圈，你可以买到iPhone的所有零件，然后找个老师傅帮你组装起来，就成了一部崭新的iPhone。"

2017年10月27日，中国企业京东集团向外界发布了一则消息，宣布成功完成柔性AMOLED显示屏的量产工作，打破了此前三星在该领域的垄断地位。随后，华为、小米、OPPO、ViVO等国产手机厂商纷纷向京东发出合作邀请。

在指纹识别方面，深圳汇顶科技也拥有自己的核心技术。在过去几年的持续投入下，汇顶科技在指纹识别领域突飞猛进，屏下光学指纹方案也日益成熟。

此外，欧菲光、合力泰、业成、宸鸿等科技厂商也已经在中国市场上崭露头角，形成一支规模庞大的供应链体系，在手机连接器、PCB板、天线等领域，纷纷占据主导地位。

> **专家提醒**
>
> 企业采用纵向集成的供应链战略，可以控制从原料到产品之间的各个环节，使交易成本降到最低，更好地协调物流、信息流和资金流。但是纵向集成的供应链战略也有弊端，它往往规模庞大，管理的复杂度极高，难以跟上市场的变化。

# 第三章

# 客户分级管理,一切以市场需求为导向

在前面两章,我们着重介绍了供应链的概念及供应链管理的重点因素。从本章开始,我们将开始介绍供应链管理的具体方法和工具,包括客户管理、供应商管理、制造商管理、运输商管理、供应链管理软件等。本章介绍的主要内容是客户分级管理,一切供应链存在的基础都是以市场需求为导向。对客户进行分级管理,可以大幅提升供应链管理的效率。

# 供应链的核心目标只有一个：为客户服务

管理学大师彼得·德鲁克认为，商业活动的本质是为了满足人类的某种需求，企业存在的目的是为顾客创造价值，而不是创造利润。企业如果为客户创造了独特价值，利润是随之而来的必然收获。供应链管理作为商业活动的重要组成部分，同样要遵循以客户为中心的原则。

**供应链管理的三个核心问题**

在供应链管理方面，很多人容易落入一些误区，比如，他们以为供应链管理就只是管理供应商那么简单。其实供应链管理复杂得多，要考虑诸多方面的问题，这需要进行详细的规划和精密的设计。

供应链管理应围绕如下三个核心问题展开。

（1）理解客户的真实需求。

（2）设计供应链的运营模式。

（3）优化供应链，提升盈利能力。

这三个问题分别对应着供应链设计的三个阶段，即供应链设计之前、供应链设计和供应链设计之后，这三个阶段是一切后续问题的根本。换句话来说，所有问题都可以从这三个核心问题中寻找答案。

理解客户的真实需求，是管理供应链的第一步。客户的需求是多样化的，

## 第三章　客户分级管理，一切以市场需求为导向

而且会不断变化，所以不能用固定的眼光去看待。如果企业连客户喜欢什么都不清楚，那么又怎么能做出受客户欢迎的产品呢？

在充分掌握客户需求之后，就可以设计供应链的运营模式了。供应链的运营模式主要有三种：供应商管理库存（VMI）模式、联合库存管理（JMI）模式和协同式供应链库存管理（CPFR）模式。

最后一个问题才是盈利能力，供应链不仅要满足客户的需求，还要为企业带来利润。过去企业常常大批量生产货物，短时间内无法卖出，结果导致库存积压，这样的方式虽然保证了市场的供应量，但极大地损害了企业的利益，所以必须加以优化。

### 从客户的角度深度分析供应链的价值

企业应当站在客户的角度，重新审视供应链的价值。如果某个供应链不能满足客户的需求，甚至损害客户的利益，那么这种供应链就是不合格的。或许它能在短时间内为企业带来利益，但是从长期来看，它必定不能带来持续的盈利。很多时候，品牌形象会受到损害，而品牌形象比利益对企业更重要。利益是有价的，而品牌是无价的。

比如，一家电脑生产商，要想评价供应链的价值，就应该先站在客户的角度去思考问题。客户在购买电脑的时候，肯定首先考虑自己的实际需要，然后决定购买游戏本还是上网本；其次才考虑品牌和价格，以及电脑的型号。此外，一些细枝末节也可能影响客户的购买决定，如电脑的颜色、厚度和售后服务等。

了解了这些内容之后，企业管理者就应思考以下几个问题。

（1）市场的细分原则是什么？是否合理？

（2）公司目前的产品是否符合市场需求？

（3）公司产品的销路是否稳定？还是即将被淘汰？

（4）产品的哪些方面需要进行调整？

（5）公司应当如何调整供应链？

当企业管理者将这些问题考虑清楚时，就差不多对企业的供应链已经有自己的评价了，并且对于供应链的调整优化也有了大体的思路。这样一来，供应链上的各个部门才能对营销战略有清晰、透彻的理解，从而在运作上给予高效的配合，使整个营销战略顺利实施。

### 拓展阅读

#### 业务脱离客户，DHL在华供应链业务被收购

2018年10月26日，电商圈爆出了一则震撼性消息：顺丰集团宣布以55亿元人民币收购DHL在华供应链业务。业界称，本次收购堪称顺丰进军大物流市场的一次豪赌。

对于顺丰，国内读者都很了解，知道它是国内一流的物流企业。但是对于DHL，很多人并不了解。其实DHL的来头很大，它是一家德资控股的企业，是目前世界上最大的航空快递货运公司之一，也是全球第一的海运和合同物流提供商。此次DHL被顺丰收购，可以说是"败走麦城"。

业界分析认为，DHL的失败主要缘于业务脱离客户，未能扎根本土，成了无根之萍。举个例子，DHL的工作人员曾经对亚太区各国的仓储物流费用做了一个对比，最后得出的结论是：大中华区费率明显偏低，甚至比越南和菲律宾都低，因此向客户提价。结果客户给出的答案是：DHL的收费比其他企业更高，提供的服务却很难保证质量，如果DHL不愿继续合作，则可以终止合同。最终，DHL只能放弃提价方案。

由此可见，DHL在华供应链业务开展得非常不顺利，整体上来说亏损很

严重,很少有项目实现盈利,因此被其他公司收购也是意料之中的事。

无论是何种形式的供应链,最终都是要为客户服务的。如果不能满足客户的需求,那么供应链就失去了立身之本,迟早会被市场淘汰。因此在考察供应链时,首先要做的就是考察供应链对客户的价值。

# 以消费者为中心,建立需求型供应链

供应链的核心目的是满足客户的需求,因此建设需求型供应链已经成为一种趋势,即它把重心放在了消费者身上,按照现实的需求制订计划,而不是一味地遵循以往的经验。需求型供应链能够紧贴市场的变化,最大限度地减少库存的压力,使企业可以灵活调整策略,及时更改战略方向,从而在市场的大潮中劈波斩浪。

### 需求型供应链是大势所趋

在传统模式下,做企业的第一步是考察市场,发掘需求,找到合适的方向;第二步是制订生产计划,备好库存;第三步是销售产品,收回资金。这种经营模式存在一个非常严重的缺点,即对市场的需求调研不足,容易导致盲目生产。当所有人都狂热地生产某件产品时,市场的需求便可以在短时间内得到满足,但此时离经济危机也不远了。

好在人与人之间的交流越来越容易,借助互联网,身处大洋彼岸的人也可以清楚了解的市场需求。传统的市场结构以产品为中心,而未来则将以需求为中心。面对市场的变化,企业迫切需要构建以需求为中心的供应链体系。

在传统的供应链模式下,厂家与消费者是相互隔绝的。在生产制造阶段,消费者完全不了解即将出现在市场上的产品是什么样子,厂家决定产品的一切细节。而在需求型供应链中，消费者成了一切环节的中心。消费者开始参与进来，整个供应链的起点就是消费者，终点又回到消费者身上，核心就是如何有效地提升消费者的体验。在需求型供应链中，企业利用互联网连接各个环节，消除冗余的、不必要的环节，从而实现各个节点的资源整合，有效提升供应链运营的精准率。

**三个步骤做好需求型供应链**

企业要想做好需求型供应链，应该做到以下三点。

1. 保持沟通渠道畅通

需求型供应链从一开始就应该让消费者参与进来，倾听他们的声音。只有消费者参与研发的商品，才是消费者需要的商品，只有这样才能从根本上解决供应链的效率问题。现在很多公司都非常重视与消费者的沟通，通过各种方式聆听他们的声音，如发放调查问卷、征集网络意见、邀请内测等。

2. 保持信息的高度透明

在互联网时代，企业越来越重视与消费者的交互，只有保持信息的高度透明，才能帮助消费者了解企业、爱上企业。比如，雷军就曾经提出："小米只赚5%的毛利。"因此，小米给人留下了性价比高、低价高配的印象。未来高效率的供应链体系，一定是信息高度透明的、可视化的、消费者全参与的供应链体系。

3. 重视各个环节的体验效果

在需求型供应链中，消费者可能会全程关注企业的运转，因此在各个环节都应当重视消费者的体验效果。比如，如何从渠道环节、终端环节提升消费者的体验，如何通过最有效的渠道模式提升产品的交付效率等。

**拓展阅读**

### 7-11的信息流改革历程

7-11（7-Eleven）公司是日本最大的零售企业，在世界零售业占据着举足轻重的地位。在供应链的管理方面，7-11有着丰富的经验，仅仅在信息流这一项，就曾经做出过无数次改革，其中具有典型代表的有六次（见图3-1）。

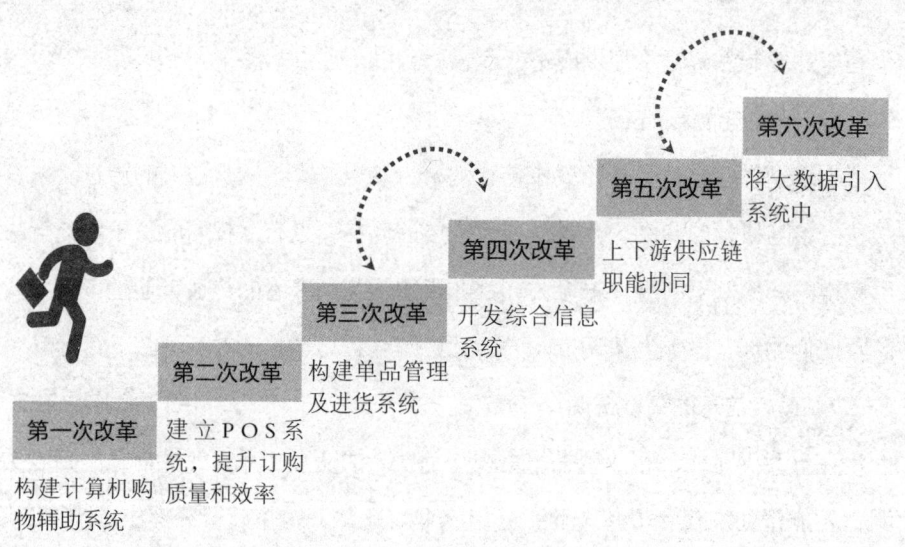

图3-1 公司的六次改革历程

第一、二次改革：主要引入了计算机购物系统和POS机付款系统，摆脱了传统的手工记账模式，实现了信息交流的电子化。

第三次改革：建立了单品管理系统和进货系统。7-11采用的战略和沃尔玛完全不同，7-11更加关注每一个单品的表现，因为便利店对周围居民的依赖性更高，居民的消费特点更明显，而沃尔玛面向的是整个城市的居民。

第三章　客户分级管理，一切以市场需求为导向

第四次改革：关键词是信息共享，7-11总部开始重视跟门店之间的信息交互，门店负责收集周边的信息，如来店顾客的信息，周围的竞争门店有没有促销活动等。而总部负责分析信息，包括单品滞销的原因、单品的生命周期等。

第五次改革：完成了供应链整合，实现了供应链的升级。7-11将供应链上下游的各个企业联合起来，实现利益捆绑，促使各方就客户需求共同进行研发，并且分享研发的收益。

第六次改革：借着大数据的东风，再次升级信息系统。此时的数据量远远超过以往，无论是客户还是门店周边，7-11将有关信息全部纳入供应链系统中。

在整个信息流的系统开发上，7-11累计投入了将近200亿日元。7-11一直没有忽视消费者的需求，而是和供应商共同努力，做出适应消费者需求的商品。

以客户需求为核心，建立新型供应链模式已成为众多企业发展的方向。阿里巴巴提出新零售、京东提出的无界零售、苏宁提出的智慧零售，都是崭新的尝试。

# 精益管理法,对客户进行分级管理

虽然商家嘴上都在喊着"顾客就是上帝",但是在实际工作中,每个商家都会把客户分成几个等级。每个客户的消费能力是不一样的,因此对客户进行分级管理是很正常的做法。通常的做法是,按照精益管理法,把客户分成三个等级,层层递进,既能实现区分对待,又不至于惹恼客户。

**从多个方面评定客户的等级**

社会学中有一则二八定律,意思是说,在任何事物中,最重要的东西大多只占很少一部分,约为20%,剩下的80%往往是次要的。这个法则同样适用于经济学,在销售过程中,20%的客户创造了80%的利润,而剩下那80%的客户,只能创造20%的利润。

根据这个定律,我们可以知道,对客户进行分级管理是一件多么必要的事情。如果企业把大量时间放在一些80%的客户身上,却忽略了那些少数的20%的客户,在设计供应链战略时,就必定会出现偏差,那么企业应怎样对客户等级进行评定呢?

一般而言,可以从以下几个方面进行评定。

1. 客户的消费习惯

把企业近年来的数据调出来,统计一下客户的消费情况,按照下单量、下单金额、下单频率等情况依次进行排列。

2. 客户的信用情况

除了下单情况以外，企业还应该统计客户的信用情况。比如，退货频率、退货总额、付款是否及时、有无不良记录等，然后根据这些因素，来判定客户的级别。

3. 客户群体的发展前景

客户的前景是不一样的，有的客户群体较为富裕，消费能力较强。比如，苹果手机的定价虽高，却依然能够保持极高的销量，其中一个原因就是购买苹果手机的人群具有很高的消费意愿，也能够负担得起。

**根据客户分级，调整供应链管理**

一般情况下，人们喜欢把客户分成三个等级：关键客户（A类客户）、主要客户（B类客户）、普通客户（C类客户），这就是ABC客户分类法。这种方法很适合小企业，因为小企业的实力较弱小，需要紧贴市场，不敢过于冒险。只需要找到当下消费潜力最强的客户群体，再根据这些客户的需求调整生产任务，进而调整供应链即可。而大企业一般实力很强，能够做出更长远的规划，因此可以划分出更多的客户等级，在调整供应链方面，也能做得更加果断和坚决。

客户管理的核心是留住最有价值的客户，A类客户就是这样的客户，企业要尽量满足他们的需求，将供应链的重心向这方面调整。B类客户是最具增长性的客户，他们的消费值或许还不高，但是只要产品做对了，就能让他们变成企业的忠实用户。C类客户的增长值不高，企业不必过多关注，但是也不能贸然砍掉相关的供应链，因为这样很容易引起他们的不满，给客户留下只爱挣钱、冷酷无情的印象，不利于企业形象的宣传。企业可以慢慢地削减在此类客

户身上的投入，并慢慢减少供应链。

**拓展阅读**

惰性思维让客户对戴尔失去耐心

直销商业模式是戴尔公司的经营特色之一。在这种模式下，戴尔公司与客户单独建立了一套联系渠道，由客户直接向戴尔发订单，详细列出所需的配置，然后由戴尔按照订单完成生产。这种模式的本质就是减少、消灭中间商。

戴尔公司按照这种模式建立了一套独特的供应链，库存中几乎没有存货。同时，戴尔在与上游供货商打交道时也有着明显优势，它能够享有大约三个月之久的支付发票时限，而客户向戴尔购买电脑的付费时限却较短，要在46天之内付费。

在创业之初，这种经营模式为戴尔开创了巨大的市场。但是随着市场的发展和竞争对手的发展壮大，戴尔公司依然坚持这套管理模式，却忽略了更广大的客户需求——相较于漫长的等待期，以及不定时出现的推迟交货，大多数消费者更愿意直接购买商店里的成品。真正喜爱这套模式的发烧友，其实在消费者群体中所占的比例很小。

于是，越来越多的客户逐渐抛弃了戴尔，转而把眼光投向供货速度更快的联想、惠普等。很快，戴尔的核心PC业务开始缩水，资金流一度出现了严重的问题。

第三章 客户分级管理，一切以市场需求为导向

**专家提醒**

对客户进行分级管理，最大的优势就在于它能够识别出最迫切的客户需求，以及最适合企业的发展市场。对客户的分级管理，可以帮助企业认清未来的发展道路，构建一条健康的产业供应链。

# 应对市场不确定性的三道防线

市场中并非所有事情都能在掌握之中,很多时候充满了不确定性。供应链管理就是要消除这种不确定性,努力将风险控制在可承受范围内。然而消费者是善变的,他们很容易喜新厌旧,有时也会产生新的需求,因此企业的经营管理者一定要懂得如何揣摩消费者的心理,提前建立防线应对可能出现的不确定性。

### 降低不确定性是供应链管理的本质要求

不确定性会导致信息不畅,影响供应链的整体质量。管理的目的就是消除不确定性,作为企业的管理人员,平时大部分时间都在跟不确定性做斗争。制定流程和规章制度,就是为了更有效地应对不确定性,以及由此带来的风险。

面对不确定性带来的负面影响,企业通常会出现两种情况,其中一种是反应迟钝,迟迟不能解决问题,一直等到危机爆发。比如,在一些大公司里,由于上司赏罚不公或者控制欲太强,导致没有一个下属愿意承担责任,于是所有人都不肯行动,坐视情形恶化。还有一种是领导过于自信,听不进别人的意见,最终朝着错误的方向走去。

我们所说的供应链管理,就是对供应链上的各个环节进行梳理,消除其中可能存在的不确定性因素,这也是业界多年来的努力方向。因此人们发明了多种管理模型，帮助提升解决问题的效率。比如，SCOR就是通过规范供应链业务模型，让供应链伙伴之间加强沟通与协作，以消除供应链各环节之间的博弈，减小信息不对称带来的不确定性，从而降低库存、成本和浪费。相反，短期关系、敌对竞争、恶性博弈，都因为增加供应链的不确定性而受到各方的指责。

**构筑三道供应链防线，应对不确定性**

为了最大限度地降低不确定性，维护供应链的正常运转，我们可以设置三道防线。

1. 预测需求

第一道防线是尽可能地提升需求的预测精准度，提高首发命中率，避免后期的无效劳动；整合供应链前后端各职能的信息、经验和智慧，提高预测的准确度。

2. 库存和产能计划

假如前期的需求预测出现失误，没有正确地判断出市场真正需要的产品数量，后期也可以通过其他方式来弥补。供应链上的第二道防线就是库存和产能计划，如设定安全库存、安全产能等。可以采用数理统计的方法分析数据，发现历史数据中的模式，再根据职业判断加以修正。

3. 在执行过程中修补

这是最后一道防线，虽然会付出很大的代价，但是至少将问题留在了内部，没有任由它蔓延下去。一切计划最终都要靠人去实行。而这第三道防线就是通过执行来弥补计划的不足。比如，前期对市场的预期不足，结果导致生产的产品太少，供不应求，这种情况下就只好加班加点完成了。

**拓展阅读**

欧普照明改革供应链金融，实现收入持续增长

人们通常认为供应链只存在于实体产业中，其实金融领域同样存在供应链模式，即供应链金融。供应链金融对我国实体经济发展、金融业发展、供应链体系建设具有重大意义，但传统的供应链金融效率很低，面对市场上存在的不确定性因素，很难防范风险。

欧普照明通过在线供应链金融的方式，对原来的供应链进行了大规模的整合行动，相比于以往的供应链金融，新的供应链金融具有更大的优势。其原因在于欧普照明消灭了信息孤岛，实现了内部业务系统、财务系统的数据对接。银行可以看到企业与上下游之间真实的交易记录，当企业在系统中的数据更新、改变时，通过在线网络平台，也可以同步进行更新，这样一来，银行就可以实时查看、监督，及时发现问题并处理。

欧普照明的这项在线供应链金融项目，从业务的发起，到流程设计、责任权利划分等方面，都很好地规避了各种风险。

**专家提醒**

作为供应链职业人士，我们得尊重供应链伙伴对确定性的期待，特别是关键的合作伙伴。因为不确定性就意味着风险，对于供应链管理而言，预先设置防范措施是非常有必要的。

## 名企案例　B2B供应链模式铸就阿里巴巴商业神话

众所周知，阿里巴巴集团在B2B方面独步天下，是全球领先的电子商务品牌。究竟是什么原因，让马云从一个普普通通的青年教师，变成世界知名企业家的呢？答案很简单：马云找到了B2B这把钥匙。经过多年的发展，B2B模式目前已经成为我国非常重要的电子交易形式，也铸就了阿里巴巴的商业神话。

### B2B供应链的管理模式和构建思路

目前，电子商务主要有三种运营模式：B2B（商家对商家）、C2C（客户对客户）和B2C（商家对客户）。B2B平台是在互联网的基础上，打造而成的一个综合性交易平台，也是一个虚拟的、没有实体的交易平台。在这个平台上，有金融行业，也有物流行业，商家可以在平台上进行各种交易。

B2B平台要想满足企业的需求，打造一个全新的供应链体系，至少要在管理模式上满足两点要求。首先是要构建合理的物流网格，包括原材料、配送中心、供应商库房、零售商等。B2B平台是虚拟的，但是物流是和实物打交道的，必须以实体的形式存在。物流的多环节性和多分布性，决定了物流服务需要大量的运输和仓储资源，构建合理的物流网格可以将这些资源进行合理配置，避免闲置或空载造成的浪费。此外，物流网格化还可以充分利用信息资源和其他如计算机等资源，使资源合理配置，进而减少对基础设施的投资，省去

大量建设成本。

另外，新的供应链还要能够为客户创造价值，说得简单点，就是让客户感到满意。要想让客户感到满意，供应商就要考虑各个方面，不断改进供应链。

**阿里巴巴供应链上的三股支流分析**

阿里巴巴将无数的商家和用户连接在一起，其供应链规模非常巨大，并在发展过程中逐渐形成了自己的特色。下面我们就从三股支流的角度，对阿里巴巴的供应链进行分析。

1. 产品流

阿里巴巴本身不制造产品，它只是提供了一个平台，让商家互相交易。因此，阿里巴巴的产品流主要体现在其对物流的把控能力上，有意思的是阿里巴巴自己不做物流，而是选择采用第三方物流模式，这种模式可以有效降低阿里巴巴的部分成本，提高物流效率，使其能够集中更多的资金和精力去发展其他业务。但是第三方物流模式也对阿里巴巴的发展造成了一定的负面影响，使阿里巴巴受制于他人。

2. 信息流

阿里巴巴运营的重点在于信息流，马云在很早之前就已经注意到了这一点。阿里巴巴汇集了很多商家的信息，用户只需要登录阿里巴巴的交易平台，就能够快速获取信息。另外，阿里巴巴也很重视交流软件的研发，如贸易通、诚信通等。

3. 资金流

阿里巴巴是中国电子商务的先行者，对资金流的掌控力度之强远远超过了其他公司。阿里巴巴的资金流主要分为两部分：支付结算和交易环节。这两

## 第三章 客户分级管理，一切以市场需求为导向

部分在整个电子商务交易活动中占有非常重要的地位，也起着非常重要的作用，它连接了商家和消费者，是电子商务交易活动得以顺利完成的重要保障。支付宝属于第三方担保，目前已经成为中国最重要的支付方式之一，业务遍及全球。

**拓展阅读**

### 阿里巴巴的供应链联盟战略

2018年11月23日，"2018全国供应链拍档年度大会"在杭州举行，举办方正是阿里巴巴。在这场会议上，来自阿里巴巴供应链事业部的核心成员王添天宣布，阿里巴巴外贸综合服务平台一达通正式升级为跨境供应链平台。以前一达通主要为中小企业提供通关、结汇和退税等服务，升级之后将会对阿里巴巴国际站、菜鸟和蚂蚁等多个业务资源进行整合，打造一个涵盖供应链拍档、报关行、国际物流和贸易金融于一体的生态体系。

这个计划体现了阿里巴巴的雄心壮志，他们要建设一个由自己主导的供应链联盟。在中国，阿里巴巴已经是顶尖企业了，建设了一个规模庞大的供应链体系，但是对于阿里巴巴而言，仍然存在上升的空间，因为中国市场还有巨大的潜力。随着供应链成员越来越多，阿里巴巴也在积极推行自己的供应链联盟战略。这个联盟包括各种各样的商家，以及相关供应商和相关机构等。通过集成管理，阿里巴巴将会使整个供应链体系发挥更大的作用，以获得更大的竞争优势，继续领跑中国电子商务企业。

**专家提醒**

在阿里巴巴的运营模式中,B2B是极为重要的一环。仅在2017年,B2B就为阿里巴巴贡献了258.63亿元的营收额。B2B也是目前我国电子商务市场中交易规模最大的一种运营模式,在当前以及未来很长一段时间内都将是电子商务发展的主要模式。

# 第四章

# 制定采购战略，从源头掌控供应链

在供应链管理中，采购的地位非常特殊，很多时候，人们甚至将供应链与采购混淆。采购管理是供应链管理中的一个环节，属于供应链管理的上游环节。现代企业的竞争，很大程度上就是供应链的竞争，而一家优秀的公司，必定有符合自身实际需求的采购战略。因此，企业应当制定详细的采购战略，以便从源头做好供应链管理。

# 改善供应链从改善计划做起

在供应链的众多组成要素中,计划占据着独特的位置。它是供应链中的重要环节,围绕着计划构建供应链管理部门,是一个非常合理的选择。计划是展开供应链工作的第一步,要想改善供应链,就应从源头做起,先改善计划,再付诸行动。那么,在实际工作中,供应链计划有哪些难点和原则呢?

**计划能力弱是国内企业的普遍特征**

什么是供应链计划?学术上的定义是:一个组织计划执行和衡量企业全面物流活动的系统。它包括预测、库存计划以及分销需求计划等。供应链计划主要包括两个方面:需求计划和库存计划。需求计划是供应链计划的核心,是对已接订单及需求预测进行评估、分析,并给予答复和承诺的管理过程。库存计划是由需求计划衍生出来的,是根据需求计划及相关信息和基础数据计算而来的。

说得简单一点,供应链计划就是供应链的引擎,是带着企业向前迈进的火车头。供应链计划如此重要,本应该成为企业的重中之重,然而现实恰恰相反。中国市场由于起步较晚,现在国内的大多数企业在供应链计划方面还处于起步阶段。很多企业管理者也不重视这方面的工作,他们和同行做着一模一样的计划,很少想着独辟蹊径。所以我们会发现,愿意做采购的人很多,但是愿意做计划的人很少。因为人才都流向了其他环节，导致计划的质量难以得到保证，而这又会给后续的工作带来困难。

**调整采购就是调整供应链**

对于供应链的整合，企业究竟应该从哪些方面考虑呢？很多人首先想到的是节省成本。但是从贸易的本质来看，一味地节省成本或许并不是什么值得称道的事情。正所谓一分价钱一分货，一般情况下，降低成本意味着供应链的整体质量也要降低。

供应链管理强调的是利益最大化，同时还要做到交易双方的共赢，而采购在其中扮演了重要角色。所以说，调整采购，就是调整供应链。在日常工作中，要针对采购的各个环节进行调整，使它们能够保持和谐状态，而不至于发生冲突。我们应当通过实时的数据监控，对采购计划的执行效果进行观察、汇总、分析、调整。在此基础上对总体计划进行调整，并且细化到供应链的每一个环节。

> **拓展阅读**

采购计划失误致使联想控制成本失败

联想在收购IBM的PC业务之后，做过一项计划，他们想要整合供应链，将成本控制在自己期望的水平。然而现实总是令人无奈，一直在控制成本方面有绝活的联想，在美国市场上却遇到了冰山。正如当时联想的首席财务官马雪征所说："我们创造了需求，但却未准备好去满足这种需求。"

当时，戴尔采用的经营模式是直销经营，收到一份订单，就做一台电脑。戴尔的核心供应商都很集中，这样的好处是便于管理，当然也有坏处，就是不方便控制成本。联想希望避免这种情况，因此计划在全球范围进行采购。联想计划在美国、中国和日本分别设一个供货中心。遗憾的是，之前IBM在美国没有制造基地，联想只能重新规划。联想将厂址选择在了地价便宜的北卡罗来纳州，可享受当地政府的补贴。然而北卡罗来纳州是一个农业大州，无法建立有竞争力的电子产品供应商群落，联想只能从其他地方采购零部件，这样一来，生产的效率就大大降低了。

后来，联想经常出现断货的情况，有时甚至断货几个星期，各个分区客户经理都在抢货、囤货。之所以会造成这种局面，主要有这样几个原因：一是当时的上游厂商大打价格战，导致整个产业出现震荡，波及联想的生产制造；二是联想对市场的预测出现失误，计划跟不上变化，结果企业出现内讧。这不是某个员工的问题，而是整个供应链计划失误导致的。

计划工作的一个重点，就是对收集的各种数据进行分析，然后得出结论，再根据结论做出计划。然而目前的国内企业，大多数仍然采取的是传统的经营模式，真正拥有强大数据分析能力的公司还很少。可喜的是，已经有很多公司认识到了这个问题，并开始积极建设自己的数据分析平台。

# 制定详细的供应链采购战略

现代企业之间的竞争，比的就是对供应链的控制能力。而采购作为供应链中的重要一环，显得尤为重要。在大多数企业里，接近一半的销售收入会被用于采购物品和服务。如果采购战略得当，付出的成本和收回的成果相对应，企业的业绩就会提升，利润就会增加；反之，企业利润就会减少。

**采购战略不等于战略采购**

对于采购战略和战略采购，很多人弄不清二者的区别，经常将其混为一谈。虽然它们的字一样，但是内涵大不一样。采购战略不等于战略采购，这一点一定要明确。

先来看采购战略。采购战略强调的是战略和计划，更侧重于策略。采购战略通常包括采购的组织和人才发展战略、采购资源开发和供应商发展战略、采购的风险和合规战略、采购的信息化战略、采购的社会责任战略以及其他相关战略等，能够从多个方面为企业提供具有指导性、全局性、长期性的纲领和规划。

而战略采购则更侧重于流程，重点在于采购的行为和动作。战略采购的重点是供应商的选择和管理，通过这种方式实现企业采购的长期目标。

因此，我们可以对采购战略和战略采购进行这样的区分：采购战略是企业

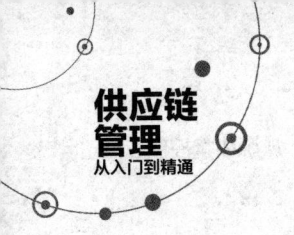

大供应链战略中的一个环节,它是战略而不是流程;战略采购则是企业经营活动中的一个环节,它是流程而不是战略。

每家企业都会有自己的采购战略,但不是所有的企业都有战略采购。在采购达到确定的开支限度,或呈现出特定的风险,又或者对企业至关重要的情况下才需要战略采购。

**根据流程制定采购战略**

制定采购战略,要遵循一定的流程,尽力做到不遗漏、不偏颇、有理想、有现实。

1. 确定资源需求量

第一步是制定资源战略,也就是确定自身所需的货物数量。在制定资源战略的过程中,要对企业的采购物料进行分类,以便在后续的采购过程中,尽可能地简化采购过程、降低采购成本。

2. 协调供应商关系网

确定资源需求量之后,接下来要做的就是选择供应商,企业可以从多方面对供应商进行评估,找出他们的潜在价值。尤其是对某些特殊材料的采购,更要重视与供应商的关系。

3. 制定详细的采购战略

一切准备妥当之后,还要制定具体的采购战略,但是再好的战略都必须经受实践的检验,否则就是纸上谈兵。对采购的组织和人员实行绩效考核,用精心设计的采购流程,确保每一个人、每一个步骤都能得到有效的管控。

# 第四章 制定采购战略，从源头掌控供应链

> **拓展阅读**

### 沃尔玛的采购经验使其站稳脚跟

沃尔玛是全球知名的百货有限公司，生意遍布全球许多国家。当沃尔玛进入中国市场时，我国的许多零售企业都受到了不同程度的影响，有些企业惨遭淘汰，国内市场的供应链一时间出现了不小的波动。然而就在国内企业的供应链出现种种问题时，沃尔玛却安然无恙，这要归功于他们的采购方式。

1. 集中采购降低了成本

沃尔玛很早之前就已经实行了集中采购制，而当时的中国企业大多还在各自为战，自然不能和沃尔玛抗衡。集中采购制就是大批量进货，所以具有很强的压价能力，能把成本压缩到最低。比如，对可口可乐、百事可乐等食品企业，沃尔玛会和他们每年签订一次订单协议，协议里订单的采购量极为庞大，所以能获得超低价。

2. 建立物流循环链条

对于沃尔玛这样的大企业来说，物流成本巨大，能否控制好物流成本，是衡量其经营管理水平的重要指标。沃尔玛建立了一套完备的物流循环链，涉及采购、存货、运输等各个行业的厂家，并通过对这些厂家的集中管理，把成本降至最低。

3. 利用高科技建立发达的信息处理系统

沃尔玛进入中国市场时，中国的互联网科技还处于起步阶段，而沃尔玛早已用高科技建立了一整套的信息处理系统，包括计算机网络体系，以及全美最大的私人卫星通信系统和世界上最大的民用数据库。

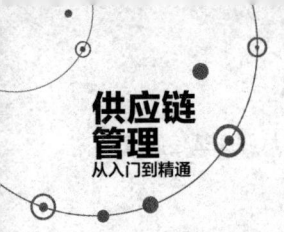

> **专家提醒**
>
> 一家优秀的公司，必定要有符合自身实际需求的采购战略。在制定采购战略时，要有全面化的视野。无论是顾客、公司发展方针、产品质量，还是供应商，都应当被考虑在内。

## 控制"牛鞭效应",稳定供应链波动

"牛鞭效应"是供应链上的一种需求变异放大的现象,即信息由于无法有效地实现共享而导致需求信息波动大的现象。如果能够准确地把握市场的淡旺季,及时对供应链做出调整,就能变危险为机遇。相反,如果错误地预估了市场的真实需求,就很有可能导致过量生产,从而引起生产过剩。

### "牛鞭效应"给供应链管理带来了不稳定性

经济学上有一个术语叫作"牛鞭效应",它描述了这样一种现象:由于对市场信息的反应不够及时、准确,厂家对市场的判断出现失误,进而做出了错误的经营决策,从而导致整个供应链都受到了影响,如同将一颗石子丢进池塘一样。信息在这个过程中被扭曲、放大,用图形表现出来后,看上去就像一根高高甩起的牛鞭,因此被形象地称为"牛鞭效应"。

在"牛鞭效应"的影响下,厂家会对市场变化做出过激反应,它们无法像平时一样做出正确的决策,而是会把影响扩大化。这会导致市场的供需出现不平衡,当市场需求增加时,厂家对未来的估计过于乐观,大量生产货物,整个供应链的产能远远超过市场需求,结果导致库存积压,最终不得不打折出售。相反,当市场的大环境不好时,厂家又会过于悲观,从而导致供货量不足,这同样会引起消费者的不满。

在"牛鞭效应"的作用下，供应链上的各个厂家都会受到影响，而那些小厂家受到的冲击最大。市场出现波动时，大企业可能早就得到了消息，而小厂家通常处于供应链的末端，它们原本就缺少人才，又没有足够的资金支持，更没有获得内幕消息的渠道，所以反应速度很慢，往往会严重受损，甚至大规模倒闭。

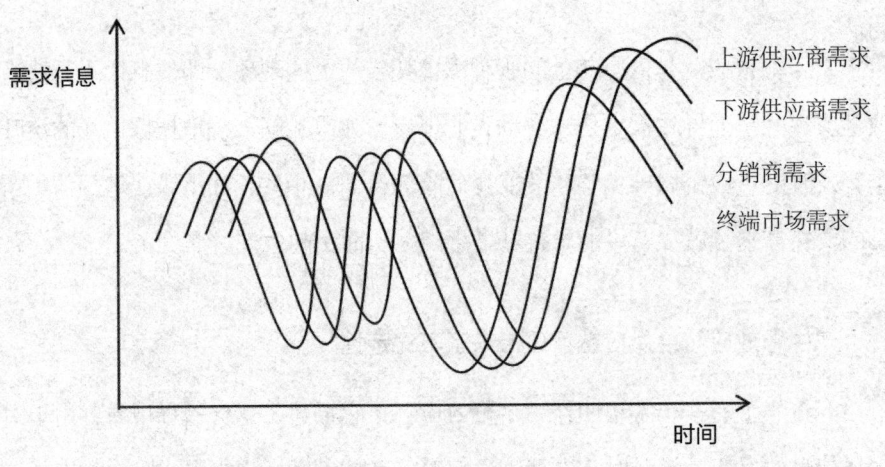

图4-1　牛鞭效应示意图

**加强信息沟通，削弱"牛鞭效应"的威力**

"牛鞭效应"的出现不是毫无来由的，实际上它是一个长期累积的过程。因此，企业要想加强供应链管理，就必须对需求预测、订货决策、价格波动、库存责任等方面了如指掌。为此，必须加强信息沟通，降低"牛鞭效应"出现的可能性。

1. 实现供应链企业间的信息共享，避免多头需求预测

生意伙伴必须彼此信任，才能走得长远。要建立战略合作伙伴关系，通过

现代信息技术来实现信息的实时交流和沟通，减少信息的不对称，从而降低产生"牛鞭效应"的可能。

2. 合理分担库存，将责任分摊给每一个人

这样做的目的是防止某些厂商不顾友商利益，私自做出不利于整体的决策。合理分担库存，把责任落到每一个人身上，使人们都能从自身利益出发，自觉地防止需求变异。

3. 共同制定策略，避免"踩踏效应"出现

投资领域最害怕出现"踩踏效应"，这种情况大多是管理不善造成的。企业之间要想避免踩踏效应相对比较容易，因为他们要考虑长久的合作关系，不能只做一锤子买卖，因此可以共同制定策略，规定配合的方式和时机。

4. 缩短回款期限

缩短回款期限是确保资金链安全最有效的办法，根据回款比例安排物流配送，能够有效避免订货量虚高，从而消除"牛鞭效应"。因为这种方法只是将初期预订数作为一种参考，具体的供应与回款挂钩，从而保证了订购和配送的双回路管理。

> **拓展阅读**

### 宝洁公司：从尿不湿中发现经济规律

作为经济学中有名的现象，"牛鞭效应"并不是哪个经济学家发明的，而是由宝洁公司的工作人员在无意中发现的。宝洁公司的一名员工在研究一款尿不湿的市场需求时，发现该产品的需求量十分稳定，波动性并不大。然而当他来到分销中心时，却发现情况完全不同，波动性明显增大了。分销中心的工作人员说，他们完全是按照订单备货的，不存在瞒报、瞎报的情况。

宝洁公司的这位员工决定进一步研究，他发现零售商会根据对市场的预

测，制定一个比较客观的决策。但是为了避免出现供不应求的情况，他们会多下一些订单作为库存。批发商、供应商也是同样的思路，就这样，虽然顾客需求量并没有大的波动，但经过零售商和批发商的订货后，订货量逐渐增大，远远超过了实际需求量。

> **专家提醒**
>
> "牛鞭效应"的出现，并不是人们有意推动的，而是由于信息不畅通出现误判导致的。对于"牛鞭效应"的预防，应该监控管理决策的每一个细节。

## 内外协同式的管理方式，控制采购成本

在一家企业中，采购成本占据了成本支出的大头，因此很多人都将眼光放在控制采购成本上，这甚至被管理学界称为"第三利润"。在传统的供应链管理模式中，采购成本总是居高不下，各种利益错综复杂，很难有效降低成本。内外协同式的管理方式，从另一种角度找到了解决成本问题的方法。

### 内外协同打破传统采购僵局

在传统的供应链管理模式中，采购的重点是和供应商打交道，特点是比较重视交易过程中的供应商的价格，通过供应商的多头竞争，从中选择价格最低者作为合作者。因此，传统的采购有如下特点：企业和供应商之间不共享信息；企业和供应商互相不信任，难以长期合作；信息滞后，企业无法及时调整采购策略；企业对生产过程的把控无力等。这些特点的存在，阻碍了采购成本的进一步优化，使其变成一个难以打破的僵局。

要想打破这种僵局，只有改变战略思维，将企业内部和企业外部协同起来。原来的采购理念是"为库存采购"，而内外协同的采购理念是"为订单采购"。

企业内部协同，靠的是企业各部门的协同合作，共同提高采购效率。因为物料方面需要与销售部门配合，生产效率方面需要和生产部门配合，而运输方

面又需要和仓储部门协调。

企业外部协同，靠的是企业和供应商之间的合作。供应链上的合作伙伴需要保持信息共享，在共享库存、需求等方面信息的基础上，及时调整计划和执行交付的过程。这样一来，就可以大幅度降低因信息错误而导致的意外状况的发生，也就相当于从采购成本中节省了一大笔意外开支。

**控制采购成本的三条策略**

在现实生活中，对采购成本的控制，通常是从多个方面进行的，如物流费用、采购订单费用、采购人员的管理费用等。有效降低采购成本，可以采取如下三条策略。

1. 对采购进行集中化管理

相对于分散的采购模式，规模化的集中采购显然更占优势。对采购进行集中化管理，可以大幅降低企业成本。为了实现这一目标，采购部门应该和生产营销等部门强化合作关系，加强各方面的交流和沟通，努力提升产品中零配件设计的标准化，这样可以增加单种零配件的采购数量，增大其规模，便于对采购进行集中化管理。

2. 将成本管理上升为企业战略

成本管理应该成为企业的战略方向之一。对企业来说，"开源节流"一方面指的是要扩大业务，提升总交易量；另一方面要管控成本，提升利润空间。对于采购方面的战略管理，可以从成本估算方面开始做起，通过定期估算供应商的生产成本，来加强在和供应商交涉中的优势。另外，为了巩固合作关系，企业也应该将利润值与供应商计算清楚，以免让供应商增加谈判筹码。

3. 开展第三方采购

如果企业不会做采购，或者无法管控采购成本，倒不如将采购业务外包出去，用专业的第三方采购。第三方采购公司能够充分利用专业渠道，将采购成本控制在企业可以接受的范围内。更为重要的是，这样能够将企业从采购中解放出来，将有限的力量集中到其他业务上。

**拓展阅读**

### 通用公司的全球采购系统

通用公司是美国最大的汽车生产商之一，在成立之初，就专门建立了采购部门，并且将采购作为公司的重要战略方向之一。

进入中国市场时，通用已经是世界上最大的汽车集团了，拥有一套强大的采购系统。通用的采购已经完全上升到企业经营战略的高度，并与企业的供应链管理密切结合在一起。相比之下，当时众多中国企业的采购业务仍然处于非常原始的阶段，非常缺乏理论指导。

为了进一步巩固自己的地位，通用集团于1993年提出了全球化采购战略，并逐步将各分部的采购权集中到总部统一管理，试图建立一个庞大的全球采购系统，将汽车业务扩张到世界的每个角落。目前，通用下设四个地区的采购部门：北美采购委员会、亚太采购委员会、非洲采购委员会、欧洲采购委员会。四个区域的采购部门定时召开电视会议，把采购信息放到全球化的平台上共享，在采购行为中充分利用联合采购组织的优势，协同杀价，并及时通报各地供应商的情况，把某些供应商的不良行为在全球采购系统中备案。

在此基础上，通用又对供应商的物流路线进行整合，重新设计出一套简单实用、效率更高、成本更低的洲际物流线路，不仅使总体采购成本大大降低，而且使供货能力也得到了质的提升。

> **专家提醒**
>
> 物料成本最少占总成本的45%，如果所购得的价格过高，将直接影响产品售价与公司净利润，而采购的单价偏低，采购的物料品质过差，则影响公司产品在市场上的竞争优势。

## 完善采购体系，确保采购品质

在很多制造业公司内，我们都可以看到类似于"质量就是生命"的标语，这说明人们非常重视质量。采购又是质量控制的第一步，是质量控制的源头阶段，采购而来的产品质量将直接影响后续的质量控制。因此，建立良好的采购体系，确保产品的整体质量优秀、可靠是非常必要的。

那么，规避采购质量问题的方法有哪些呢？第一，三步计划健全采购品质保证体系；第二，根据品质需求灵活调整采购周期。

### 三步计划健全采购品质保证体系

采购品质保证体系是企业质量管理体系中的一个部分，它是在企业的采购阶段，用系统的管理方法，设置统一协调的组织机构，把采购部门、采购环节的品质管理活动严密地组织起来，形成一个有明确的任务职责、权限、互助协作的品质管理体系。

在日常工作中，对于采购环节的品质保证，可以从以下三个方面进行。

1. 完善来料检验制度

来料检验属于品质管理中的一个方面。通过对来料的检验与评价，对采购部门的工作进行监督，这也是企业品质管理的第一道防线。

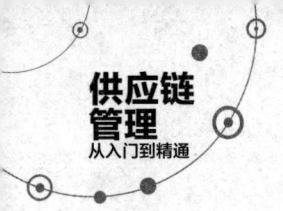

2. 明确采购的品质目标

品质管理不是一句空话，每个人都想将品质做到100%合格，但这是不现实的，因此必须明确品质的验收标准。然后根据验收标准，制定采购行动指南，层层下达，保证其实施。

3. 派驻验收人员，配合采购工作

这种方法也是确保采购品质的一个手段，专门派遣一名或数名品质管理人员进驻工厂，负责监督产品从样品制作到来料验收、大货生产，再到包装发货等全部流程。

**根据品质需求灵活调整采购周期**

一家企业的采购项目，总是有一个固定的周期。根据对品质的需求，采购周期有短有长。一般情况下，采购周期可以分为三个阶段：分析阶段、决策阶段、执行阶段。要想对采购周期进行调整，可以根据实际情况对这三个阶段的时间进行调整。

1. 分析阶段

分析阶段所用的时间一般不会很长，但却非常重要。在这个阶段，采购人员要对市场形势做出一个大致的判断，然后制定出相应的愿景、目标和战略等。很多人认为，如今的供应链比过去更加脆弱，其中一个很重要的原因就是现在的市场形势变差了，不仅是在中国，全球的贸易市场都有这样的趋势。

2. 决策阶段

分析完市场形势之后，接下来要做的是制定相关的决策，包括确定采购的愿景、使命和目标。由于采购与供应链上的其他部门密切相关，可以说是牵一发而动全身，因此采购战略的规划需要与母公司的愿景、使命和目标一致。

### 3. 执行阶段

制定出具体的策略之后，剩下的就是执行策略了。执行阶段占用了绝大部分的时间，主要是因为工作非常烦琐。在采购的过程中，可以用项目管理工具来监控采购战略的执行进度，如工作分解结构、甘特图和关键路径分析等。

很多时候，企业从接到订单到出货都是有时间规定的。但是企业生产，需要经历采购物资—生产—运输出货这样一个流程。很多企业并不会有过多的库存，因为这样会产生更多的成本。要想在更短的周期内交货，企业除了缩短生产周期外，缩短采购周期也是一个非常重要的方法。

> **拓展阅读**

#### 品质把控不力，美泰公司召回千万产品

2007年，中美贸易市场上掀起了一股波澜，原因是美国一家玩具公司以安全问题为由，宣布在全球召回数千万件玩具，而这些玩具主要是由中国公司代工的。这次召回的代价十分巨大，不仅给相关公司的名誉造成了重创，还给中国制造蒙上了一层阴影，甚至导致一位中国玩具生产商自杀身亡。

此次事件爆发的原因，源自2006年出现的几次安全事故。美国消费品安全委员会曾表示，共接到170份有关小磁铁从玩具中掉出的报告。其中，受伤的三个小孩均经历了肠穿孔的痛苦并需要进行手术治疗。于是，美国材料实验协会和美国消费品安全委员会共同制定了一份新标准，对于那些含有磁铁的玩具做了新的规定。在新标准的规定下，美泰公司的产品设计存在大量不合格情况，不得不进行召回。

此次事件也引起了中国市场的高度重视，国家质检总局对此予以高度重视，表示将会加大对玩具生产企业的监管。

> **专家提醒**
>
> 企业应当在供应商品质体系方面有所作为,通过对采购的品质体系进行审查,及时发现供应链中的薄弱环节,并且要求其改善,从而提升供应链的整体质量水平。

## 名企案例 通过采购，华为与供应商共同成长

作为世界上最大的通信设备制造商之一，华为的业务遍布全球，这得益于华为对供应链的有效把控。为了有效管理供应链中的采购环节，华为公司专门建立了一套采购组织结构，全权负责相关工作。在市场化竞争日益激烈的今天，华为的采购管理能够为我们带来哪些值得学习的经验呢？

**华为的采购系统与供应商**

华为的采购系统，是花费高价从IBM聘请顾问帮助建立的，之后又经过长时间的磨合、调整，最终形成了现在的样子。华为的采购平台，旗下拥有四个部门：策略中心、生产采购、行政采购和工程采购。这四个部门分别负责采购的不同阶段，其中策略中心是最重要的一环。

由于华为的体量过于庞大，因此在大多数供应商面前，华为总是处于高位。华为可以选择某个供应商，也可以选择该供应商的竞争对手。所以在与华为做生意时，是完完全全的买方市场。然而这并不代表供应商不想与华为合作。事实恰好相反，与华为这样规模庞大的企业做生意，是很多中下游供应商梦寐以求的事情。

华为的产品，大多数是集成度很高的产品，因此对供应链的质量要求也很高，它要求每一个供应商都是顶尖的，还需要把上下游整合在一起，才能

做出最好的零件，而后才能有优秀的产品。优质的产品再加上成功的营销策略，保证了华为巨大的盈利能力，因此华为能够在采购时挥金如土，其供应商因此得到了用于投入研发、招聘人才的充裕资金，从而可以一步步实现产业升级。

**华为的采购战略是合作共赢、共同成长**

在采购方面，华为有一套系统的战略思想和运作原则，通过对这些思想和原则的严格遵守，华为聚集了一批优秀的供应商。华为的采购战略如下。

（1）坚持互惠共赢，与供应商建立长期合作关系，保证原材料和产品供应的稳定性。

（2）突破传统的采购理念，平等对待供应商，建立战略合作伙伴关系，使供应商能够更紧密地配合业务发展的需要。

（3）建立新型业务流程，积极开展业务交流，共享信息，使双方都能清楚地认识到彼此的利益是紧密相连的。

（4）通过华为的进步，带动供应商公司的进步，催促供应商加速新产品的开发、发掘新的市场机会，为华为培养一批拥有核心竞争力的战略合作伙伴。

可以看出，华为想要建立一批与自己的利益密切相关的供应商，这也是华为"农村包围城市"战略的体现，即通过大订单的批量采购，向中下游供应商提供发展的机遇，从而逐渐摆脱对国外供应商的依赖。

## 第四章 制定采购战略，从源头掌控供应链

> **拓展阅读**

### 华为2017年的重要供应商

2017年，华为的业绩继续保持快速增长的势头，全年营收额为6000亿元人民币，同比增长约15%。其中，华为手机销售额约2360亿，华为与荣耀系列全年发货1.53亿台。除了自身努力之外，华为还要感谢那些在背后默默给予支持的供应商。

仅以华为2017年上半年为例，具有代表性的供应商见表4-1。

表4-1 华为供应商一览表

| 公司名称 | 扣除非经常性损益后的净利润（万元） | 净利润同比（%） | 相关产品 |
|---|---|---|---|
| 长信科技 | 27 503.68 | +121.63 | 手机面板 |
| 舜宇光学 | 116 000 | +149.7 | 摄像头模组、摄像头镜头 |
| 比亚迪电子 | 132 000 | +119 | 金属外壳 |
| 京东方A | 401 784 | +273.96 | 全面屏、柔性AMOLED |
| 合力泰 | 42 088.51 | +46.15 | 触摸屏 |
| 汇顶科技 | 47 920.6 | +55.46 | 超薄指纹方案 |
| 联创电子 | 8 046.08 | +43.38 | 光学镜头 |
| 丘钛科技 | 20 200 | +145.5 | 摄像头、指纹识别模组 |
| 同兴达 | 6 695.33 | +206.98 | 全面屏 |
| 电连技术 | 17 869.14 | +8.87 | 手机连接器 |
| 欧菲科技 | 41 242.12 | +32.97 | 摄像头模组、触摸屏、指纹识别 |

目前，华为在全球范围内建立了庞大的供应链，有合作关系的供应商超过2000家，其中包括20余家顶级半导体公司。在这些公司中，中国公司占了很大

比例。这几年中国的科技发展迅猛,很多企业已经达到国际水准,华为也积极选择国内企业,作为自己的供应商。

> **专家提醒**
>
> 对于很多小企业而言,与大公司合作,承担供应商的角色,也是一个提升的机会。大公司通常有更高的管理水平、更丰富的管理经验,能够帮助小企业尽快提升管理水平,使其在供应链上站稳脚跟。

第五章

# 监督供应商，价值评估
# 根植于细节

在供应链的概念出现之前，企业在选择供应商时，往往更关注产品，而忽视对供应商的监督。在完整的供应链体系中，企业必须慎重选择供应商，因为供应商是整个企业供应链的核心部分，在产品质量、交货日期、库存管理等方面，都会对整个供应链产生根本性的影响。因此企业必须从细节入手，监督供应商，督促他们提升管理水平。

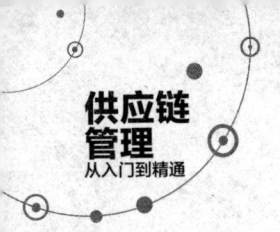

# 建立供应商评分与考核系统

在日常经营管理中,企业要对每一位供应商进行考核与评分,目的是查看他们的过往表现,以便对他们未来的表现有个大致的预判,从而对生产经营策略做出调整。对供应商的考核与评分,从侧面来说也是对供应商的鞭策与鼓励,它可以加强供应商对自身的了解,从而促进供应商改进自身的生产、研发及管理水平。

**多角度给供应商打分**

对于供应商的评分系统,应当结合实际情况制定,不同的行业需要有不同的打分标准。但是总的原则是一致的,即从多角度、全方位评估供应商的竞争能力,如此才能杜绝出现片面的评估结果。

评估供应商,应当做到客观、理性、公平、公正,为此必须注重计分的合理性与可操作性,不能制定出一堆偏向性极强,同时无法操作的评分系统。

一般而言,企业对供应商的评估,势必会侧重于某一方面,如产品质量、价格、产能、交货周期等。我们很难对所有企业都采用同一评价标准。在实际评估过程中,必定会做出某些妥协和让步,只要最终的评估结果是稳定的、可靠的,就不失为一份公正客观的评估报告。要想建立一份可靠的评估体系,就必须确定评估的项目和标准。

**合理安排"Q.C.D.S"的评分架构**

一般而言,国内企业在评估供应商时,通常会遵循"Q.C.D.S"的原则,即质量(Quality)、成本(Cost)、交付(Delivery)和服务(Service)。

在这四个因素中,质量是最重要的因素,可以说质量是企业的生命;成本则是企业存在的基础,要用一套成熟的方法评估供应商控制成本的能力;交付能力则是效率问题,要确定供应商是否拥有足够的生产能力,以及有没有扩大生产的潜力;最后一点是非常重要的服务能力,包括售前、售后的服务能力。

另外,供应商的管理情况也是考核的一个项目,因为供应商管理水平的高低直接影响产品的生产能力和产品的质量,这些都是可以在现场直接观察到的,因此也可以计入考核中。

在实际评估过程中,企业要对这五个方面进行综合考量,合理分配评分架构,最后算出来的得分,就是对供应商的评分(见表5-1)。

表5-1 供应商评分考核系统架构

| 考核内容 | 评分占比 | 评分说明 | 考核得分 |
| --- | --- | --- | --- |
| 质量 | 60 | 1. 主要从进料检验合格率与现场生产不良率方面进行考核<br>2. 进料检验合格占30分,合格率100%为满分,每低1%,扣2分<br>3. 现场生产合格占30分,合格率100%为满分,每低1%,扣2分 | |
| 交付 | 15 | 准时交货率达到100%为满分。每低1%减1分 | |

（续表）

| 考核内容 | 评分占比 | 评分说明 | 考核得分 |
| --- | --- | --- | --- |
| 成本 | 10 | 与市场同等质量的产品相比，成本较低为10分，成本相同为7分，成本较高为5分 | |
| 服务 | 10 | 服务满意度评价达到95分为满分。满意度评价每低5分，扣2分 | |
| 管理 | 5 | 从管理人员的流动率、员工培训状况、5S管理水平等方面进行考核 | |

> **拓展阅读**

### TCL用评估体系激励供应商

TCL的前身是TTK家庭电器有限公司，最初的业务只是制造录音磁带，后来逐渐扩展到电话、电视、手机、冰箱、洗衣机、空调、小家电、液晶面板等领域，并且在这些领域建立起系统的供应链。目前，TCL已经建立起一整套供应商评估体系，其评估原则也已逐渐成为企业文化的一部分。

TCL不会盲目评估，而是会对两种供应商分别进行评估。第一种是现有的供应商，每月对其做一次调查，着重就价格、交货期、进货合格率、质量事故等进行正常评估。另一种则是新加入的供应商，对其进行现场评估，确定其未来的潜力。TCL会要求新的供应商提供一个成本分析表，内容包括生产某一元器件的原材料组成和费用构成等。如果TCL认为有不合理之处，就会要求供应商进行调整。

目前，由于TCL长期的坚持与努力，在供应链管理方面已经积累了丰富的经验，成为行业内的领先企业。TCL的产品合格率几乎达到100%，并且很少出现延期交货的情况。为此，2018年10月，TCL登上福布斯2018年全球最佳雇主榜单。

# 第五章 监督供应商，价值评估根植于细节

有时，企业也会将供应商的个人品质列入考核范围，但是事先不会告诉他们。这种行为是可以理解的，毕竟供应商的经营者素质参差不齐。只是人们很难对人的品格和口碑进行评估，即便评估结果出来了，也未必有多大的参考价值。

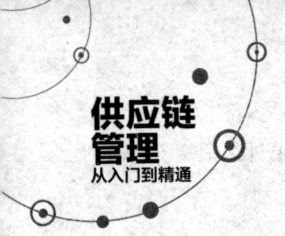

# 供应商分类的两大原则：区别对待，重点管理

对供应商进行分类，是大多数企业的共同做法，这样做的目的是便于管理。因为对于企业方来说，其最大的议价权，或者说对供应商的制约权就是新生意。世界上所有的一流公司都会把重心放在未来，而不仅仅是关注当下的状态。对供应商进行分类，实际上正是为了确保未来的效益，至于当下的状态，能改善的就改善，不能改善的就淘汰。

**将供应商分为几个不同的等级**

根据绩效和潜力方面的考虑，可以将供应商分为长期目标型、短期目标型、战略联盟型和纵向集成型四类。

1. 长期目标型

企业与供应商长期保持合作，彼此已经非常熟悉，并且建立了一定的友谊，形成了一定的默契，愿意携手并进，共同进步。这种类型的合作关系的特点是从长远利益出发，共同努力提高竞争力。

2. 短期目标型

企业和供应商之间可能只有一两次的合作经验，远远谈不上了解，只是一般的买卖关系。双方最关心的是如何谈判、如何提高自己的谈判技巧和议价能力，使自己在谈判中占据优势，而不是建立长期的利益关系，也很少会向对方妥协。

3. 战略联盟型

和国际关系中的一样，企业关系中也有战略联盟。战略联盟的特征是在更长的纵向链条上管理成员之间的关系，双方维持关系的难度更高，要求也更严格。

4. 纵向集成型

这是最复杂的合作关系，也是最有挑战的管理方式。但是，一旦做好了，可能会给企业带来意想不到的利益。所谓纵向集成型，就是把供应链上的成员整合起来，像企业一样运转，但是成员企业仍然是完全独立的企业，自己拥有决策权。它要求每个成员都充分了解集体的理想和目标，并且自觉地做出符合供应链整体利益的决策。

**重点管理战略联盟型供应商和纵向集成型供应商**

在上面提及的四种供应商中，我们最应该关注的是战略联盟型供应商和纵向集成型供应商。有人或许会问：为什么只关注这两种供应商呢？难道其他供应商不重要吗？长期目标型供应商不是最应该关注的吗？其实道理很简单，这正是出于利益最大化做出的考量。这两种供应商代表更多的机会，投资回报最高。

战略联盟型供应商通常拥有强劲的实力，它们要么拥有关键技术，要么拥有战略资源，要么规模很大，力量不可小视，至少在某一方面胜过本企业。这类供应商提供的产品往往技术难度高，普通公司很难取代它们的位置。这就注定了它们在谈判过程中拥有很高的议价能力，企业必须谨慎对待。

而纵向集成型供应商代表着无限的潜力，将这些企业整合好了，很可能会为企业带来无可比拟的价值。它们或许此时实力不够，或者处于刚刚起步的阶

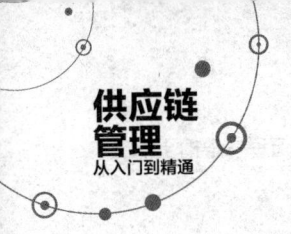

段,所以迫切需要一位"带头大哥"的领导。企业对这些公司予以关注,能够将它们拉到自己的阵营中,将培养崭新的供应链系统。也就是说,资源花在它们身上,投资回报率非常高。

至于长期目标型供应商,它们与企业的合作历史悠久,关系已经基本稳定了下来,通常不会有大的变动,因此不必过于担心,可以暂时将关注的重点向其他方向倾斜。

> 拓展阅读

### 宝马集团向供应商颁发创新奖

宝马集团对供应链的重视不同寻常,甚至专门设立了一个"BMW供应商创新奖",用来奖励那些极具创新精神的合作伙伴。宝马集团赞赏它们为公司的成功所做出的重要贡献,鼓励供应商的创新精神,并表彰它们的杰出成就。

针对外界的疑惑,在宝马集团内部负责采购和供应商网络的董事德雷格博士这样说:"在汽车市场上取得成功的决定性因素是创新。许多汽车消费者往往会根据产品的创新特性来做出购买决定。实际上,创新也是推动宝马集团不断引领未来交通方式、勇为行业之先的重要驱动力。"

从这段对话中我们可以看出,宝马集团把创新放在一个极其重要的地位。宝马集团不仅自己重视创新,还鼓励供应商及其他合作伙伴进行创新,因为创新是实现商业成功、提升企业未来竞争力的关键。

值得一提的是,2016年9月30日,来自中国淮安的敏实集团荣获"BMW供应商创新奖",成为首个获得该奖项的中国企业。

第五章 监督供应商，价值评估根植于细节

对供应商进行分类，要从绩效和潜力两方面去考虑。比如，现在有一家供应商为企业提供了接近半数的零件，价格也十分合适，那么它当然应该成为公司的重点关注对象。

# 稳定关键供应商，确保长期合作关系

说到购物，我们都知道要货比三家，最后选择物美价廉的产品。但是对于经营企业，这一条原则或许就不那么好用了。很多时候，一家稳定但成本较高的供应商，远比一家成本低廉却容易出差错的供应商更值得合作，因为对于上游企业来说，成本低廉不是最重要的，稳定才是所有条件中最基础的。

### 稳定是供应商管理的基本要求

我们可以把公司的生产活动看成一个完整的体系，在这个体系中，包含三个要素：订单规划、生产执行、供应商管理。

图5-1　生产体系的三大要素

# 第五章 监督供应商，价值评估根植于细节

这三个要素就像三角形的三个顶点：订单规划在顶端，是企业运转的动力来源；生产执行在右下角，是企业运行的关键；而供应商管理在左下角，是整个生产得以顺畅进行的保证（见图5-1）。

与供应商合作关系稳定是供应商管理的基本要求。如果连供应商管理都无法实现与供应商合作关系的稳定，那么整个生产系统也就无从谈起了。

### 与关键供应商长期合作是最节省成本的方式

很多人在采购的时候，总是为了一点蝇头小利，与提供关键产品的供应商产生摩擦，其实这是很不明智的做法，一份稳定的合作关系，往往是最划算的。

为什么这样说呢？因为工业大生产的优势在于规模效益，有了规模效益，才有议价能力。假如不能与供应商保持稳定的合作关系，那么供应链就不能保持稳定，也就不能稳定地提供产能，尤其是如果掌握核心技术的关键供应商断货，将影响整个供应链的运转。更重要的是，企业往往连替代商都找不到。

因此，与关键供应商签订长期合同，是最稳妥、最节省成本的方式。这也是一些大企业经过长期搏杀后总结出来的有效经验教训，对它们来说，降低成本固然重要，但更重要的是抢占市场，有时候宁可赔本，也要继续做下去，即不能给竞争对手留下自由成长的空间。

【拓展阅读】

### 雀巢与家乐福之间的强强联合

雀巢是世界上最大的食品公司之一，而家乐福则是世界上最大的零售公司之一，这两家企业一直以来都有合作，不过只是单纯的买卖关系。双方的系统各自独立，彼此互不兼容。唯一特别的是，对家乐福来说，雀巢是一个重要的供应商，因此设有专属的业务人员，其在买卖上具有十足的决定权，可以决定

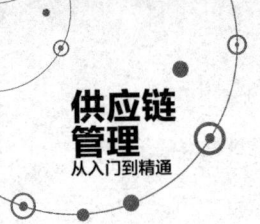

所购买产品的种类与数量。

为了更好地在市场上立足,双方决定强强联合。在未来的发展计划上,双方制定出了更多的细则,有望通过组织运作与系统的调整配合,实现双方的深度合作。

更重要的是,雀巢和家乐福这两大巨头,通过此次合作,形成了新的供应链关系。过去雀巢与家乐福只是单向的买卖关系,家乐福要什么,雀巢就给什么,但是双方从来没有真正地坐在一起,严肃地讨论过市场需求,结果导致畅销的商品经常缺货,而不畅销的商品却在家乐福形成库存积压。这次合作让双方了解了合作中的各项症结,对提高供应链的效率起到了根本性的作用。

**专家提醒**

从长远来看,培养本土企业,建立本土关键供应商,是降低成本、提高国际竞争力的重要手段。而且本土企业更容易形成风格一致的企业文化,更有利于建立战略盟友关系。

## 避免延期,提升供应链的整体效率

一份订单的交期,是指从采购下单那天开始,至供应商送货那天结束,其间经过的时间长短。当前企业管理的最大难点就是交货问题,延期交货是企业最不想看到的事情,哪怕只是延迟一天,也可能给企业带来重大损失。能在合理的售价与质量的要求下,准时交货已成为企业竞争的重要焦点。

### 延期交货影响供应链的整体效率

供应商延期交货引发蝴蝶效应,其影响将传导至整个供应链。

延期交货,无疑会妨碍生产计划,增加生产成本。例如,由于供应商提供物料的时间延迟,物流人员和生产人员只能等待物料的到来,什么也做不了,但是企业仍然要给员工发工资,由此导致生产成本增加。等到物料终于到来时,企业或许要加班加点,才能赶上原先制定的进度,为此又要付出一笔成本。

在实际业务中,企业通常将供应商延期交货的行为视作违约。很多企业都对货物交期有着非常严苛的规定,会按照延期的时间长短,处以相应的扣款。有的企业甚至会因此降低对供应商的评价,进而影响后续的合作。

### 做好事前规划,减少延期的可能性

供应商能否严格遵守交期,一方面要看供应商的管理水平,另一方面还要

看上游企业的规划是否合理。假如上游企业规划合理,为供应商留下了充裕的时间,并且适时督促,协助供应商进行管理,便可以大幅提升供应商的交货能力。从这一点来说,供应商能否按照规定的时间交货,从侧面体现了企业对供应商的把控能力,也能反映出企业的规划是否合理。

1. 做好时间规划

要想避免延期,首先要制定合理的交期,为供应商留下充裕的时间。交期中包含行政作业交期、原料采购交期、生产制造交期、运送交期、验收交期以及其他交期。可以看到,整个时间规划中包含了多个环节,要对这些环节进行合理分配,尽量减少时间浪费,提升供应效率。

2. 加强对供应链的监督

很多企业会向供应商派遣驻厂工程师,参与产品的设计—生产—交货全流程,一方面给产品的质量把关,另一方面也能监督生产的进程,催促供应商及时交货。

3. 综合协调供应链进度

在确保某一个环节的交期时,也要考虑供应链的全局情况。其中一个环节出现问题时,要及时进行沟通,避免对其他环节造成不良影响,尽量将损失降低到最小。

**拓展阅读**

### 京东:"无界零售"打造超高效率供应链

进入互联网时代,许多企业结合大数据等新技术,针对以往经济中存在的问题,提出了一些新的想法,其中就包括京东提出的"无界零售"。

"无界零售":指的是一种开放性的思维,不同于传统的经济模式,志在打造一个高度整合的供应链体系,希望在无数人的共同努力下,同时做到降低成本和提升效率，为社会创造更大的价值。

具体来讲，"无界零售"包含两个核心。第一个核心就是开放。通过开放引入更多的合作伙伴，通过规模优势让供应链效率更高、成本更低。在开放共享的环境下，让所有的合作伙伴不再彼此博弈，而是共同为提升供应链的效益而努力。

第二个核心则是规模。有了开放共赢的基调，就能够将供应链的规模做到极致。众所周知，供应链的规模越大，效率越高，供应链是全世界规模效率最明显的行业。"无界零售"强调的是共同将蛋糕做大，这样每一个人都能分到更多的蛋糕。

在"无界零售"的作用下，整个社会的零售业都将融入一个庞大而高效的供应链系统，社会的平均成本降低了，效益也随之提升了。

延期交货影响的不只是企业和供应商，还会拖累整个供应链的效率。在供应链这艘大船上，没有人能独善其身。

## 名企案例 丰田公司的供应商管理战略

在历史上,汽车制造业曾经数次引领管理方式的变革。比如,美国福特汽车公司的流水线生产,开启了大规模、批量化生产的时代。而日本丰田汽车公司的准时制生产方式(Just In Time,JIT),则创造了无库存的供应链管理模式。在丰田公司的管理下,供应商们不再单打独斗,而是被融入供应链中,成为供应链的一部分,并接受相应的管理。

**丰田用JIT管理将供应商整合成供应网络**

丰田采取的管理模式是JIT模式,通过这种方式,丰田公司对供应商进行严格细致的管理,将一个个松散的供应商整合成供应网络。在这张巨大的网络中,所有企业的目标一致,利益密切相关。这种强大的供应商合作关系网络的培养发展了丰田的核心竞争优势。在2003年OEM基准(评价美国汽车制造业制造商—供应商关系的主要指标之一)调查中,丰田汽车公司无论是从信任度、潜在的机会,还是在研发变革等方面都被评为零部件供应商最受欢迎的企业。

丰田的这种管理模式,最初源自丰田喜一郎的管理思想,即根据零部件的重要性对零部件进行分类,对不同的零部件供应商,实行不同的管理模式。后来丰田管理人员在此基础上,结合后来的供应商关系,对其进行了发展。

对于那些生产非战略性零件的供应商，丰田主要考虑性价比，重点考察产品的价格、质量和送货时间等因素能否满足基本要求，使用传统的竞标方式压低价格，以刺激供应商之间的竞争，由此降低物品的采购价。

至于那些生产核心部件的供应商，丰田对它们有更多的要求。丰田通常把这类产品的制造业务外包出去，交给那些专业的厂家，并将其视为特殊供应商，达成战略合作伙伴关系。丰田与这类供应商有较高程度的合作，以确保产品无缺陷和产品的定制化。同时，丰田也会对供应商进行投资，使其能够获得长久的发展。

通过对传统的竞价采购和建立合作伙伴关系这两种模式的结合有针对性地对供应商进行区别管理，避免了传统模式和合作模式的不足。

**丰田供应商关系战略的启示**

经过近百年的发展，丰田在处理供应链的事务上积累了丰富的经验，与许多供应商建立了良好的关系。丰田汽车集团通过有效的供应商关系策略，充分利用供应商资源提高了公司的经营业绩，成为制造业中的明星企业。

**拓展阅读**

### 丰田VS福特：不同文化下的不同供应链模式

丰田与福特都是世界顶尖的汽车工业公司，然而两者有着不同的文化背景，因此一个形成了精致的日系风格，一个则形成了粗犷的美式风格。今天我们就从文化方面着手，看看两种不同的社会环境，会给供应链带来怎样的影响。

众所周知，日系车的特点是省油，在外观上偏向于精致小巧，这种文化风格和日本土地狭长、资源贫瘠的特点有关。丰田公司的采购策略是将生产设施

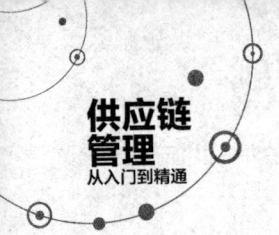

建在车厂周围，以便于近距离采购，节省采购时间。作为对供应商的回报，丰田给予供应商各种帮助，以实现双方的共赢。比如，派遣富有经验的工程师到供应商现场帮助改进生产流程，或者直接派出高级经理到供应商处任职等。

福特汽车的身上则有着美式汽车独特的风格，美系车素以线条狂野著称，这种文化风格是由美国地大物博、国力强盛的社会环境形成的。福特汽车公司与供应商保持紧密的合作关系，并在适当的时候为供应商提供一定的技术培训。

和丰田相比，福特更注重合作关系的对等，与供应商的关系严格遵照弱肉强食的市场经济法则进行，为此在早期和一些供应商之间的关系存在较严重的问题，后来进行了一系列改变，实行了与丰田类似的合作模式，成功地实现了其生产效率的提高和成本的降低。

> **专家提醒**
>
> 中国的企业目前面临的形势，与丰田公司并不一样，然而我们仍然能从丰田公司与供应商关系的处理上学到很多有益的东西，这对我国制造业实现供应链模式的转型具有非常重要的意义。

第六章

# 规范制造商，建立现代化质量管理体系

目前，国际上已建立起一条庞大的供应链，几乎所有企业都无法完全不受他人的影响，而是普遍选择分工合作。企业通过寻找优秀的制造商，将原本的生产任务外包出去。对制造商进行规范，正是为了达到降低成本、分散风险、提高效率、增强竞争力的多重效果。

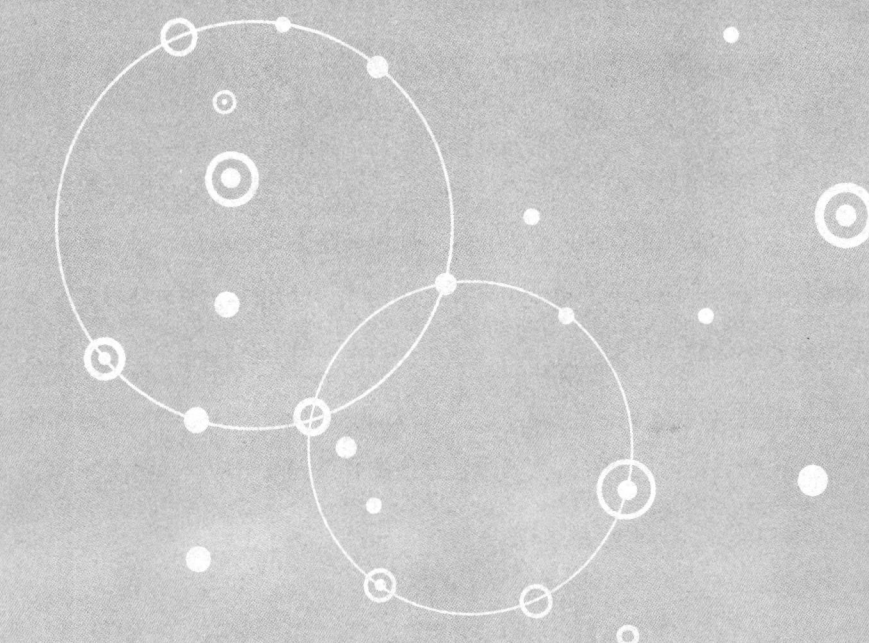

# 利用生产外包，提升企业经营效率

企业将部分生产业务外包给其他公司，这种做法在世界上的各个国家都很常见。生产商是企业的供应商之一，它们的生产效率和制造水平，会对整个供应链生态产生直接影响，因此企业必须对生产商予以高度关注，必要的时候，要帮助它们解决生产经营管理中出现的种种问题，以便提升整体的经营效率。

**生产外包具有四大优势**

纵观全球各个国家，我们很难发现一家完全独立的企业，几乎所有企业都会与其他公司发生联系。随着行业的不断细分、技术的不断增强、产品类别的不断丰富，生产外包的程度会越来越高。采用生产外包具有以下几种优势。

1. 能够降低企业的资金风险

开办工厂需要大量资金的持续投入，这对企业而言是个沉重的负担。通过产业分工，生产商独立承担制造产品的责任，能够减少企业的负担。而生产商能够同时承接众多企业的订单，也就可以保持公司的持续运转，淡季时不需再减员，旺季时也不会缺少员工。

2. 建立更强的招聘渠道优势

生产商通常与当地政府和社区有着千丝万缕的联系，对当地更加熟悉，有专门的招聘渠道，包括社会中介渠道、校园招聘渠道、特殊工种岗位渠道等，能够不断地补充工厂需要的劳动力和人才，这是其他企业难以具备的优势。

### 3. 大幅降低生产成本

生产商非常擅长控制成本，一方面是规模化生产带来的优势，另一方面则是由于工人工资水平较低。

### 4. 聚焦核心业务

生产商的经营范围通常集中在一个很窄的范围内，这是它们的核心业务，由此带来的是极快的成长速度。

**生产外包是中国供应链发展的必然趋势**

很长时间以来，中国大多数企业扮演的都是外包生产商的角色，负责组装、生产的任务，在供应链上处于中下游。而设计和研发工作则是由西方国家的大企业完成的，它们占据供应链的上游，赚取大部分的利润。如今，中国政府正大力推行产业升级和转型力度，正是要企业走向上游，在国际市场的大供应链上拥有话语权和主导权。

随着市场经济的发展，中国积累了大量的资金以及丰富的管理经验，具备了一定的国际竞争力。越来越多的中国企业开始将生产制造分离出去，它们在东南亚、南亚、非洲等地开办工厂，利用当地廉价的劳动力，抢占国际市场，赚取高额利润。这正是当初欧美发达国家的企业在中国投资建厂场景的再出现。它们把经营的重心放在营销和研发上，并且加大企业总部经济的扶持力度，同时为发展现代服务业和新兴产业腾出更多的空间。比如，近些年蓬勃发展的物流行业、技术开发、售后服务等。如此看来，分离出来的物流环节和服务环节将会为服务外包行业提供增长的新契机。

> **拓展阅读**

惠普将IT培训做成外包服务

惠普作为一家专业的IT公司，能够为客户端的IT人员提供培训，以提高IT工作人员的工作效率。近十年来，惠普已经为数十个国家的制造、电信、银行等行业的用户提供IT培训服务。

惠普提供的IT外包业务，主要包括以下五个方面的内容。

（1）战略性外包：企业可以选择将IT服务全部外包给惠普，与惠普达成战略合作，甚至连IT人员也转移到惠普去。

（2）基础平台管理：企业把一部分业务外包给惠普，例如网络运营、服务器的管理。

（3）终端设备管理：企业与惠普达成合作协议，由惠普提供专业设备，并负责维护工作。

（4）应用服务运营管理：由惠普负责企业的某些应用程序管理。

（5）容灾服务：惠普为企业承担数据安全工作，当企业出现数据异常时，由惠普负责数据备份或恢复。

> **专家提醒**

早在1989年，管理学大师彼得·德鲁克就说过："任何企业中仅做后台支持而不创造营业额的工作，都应该外包出去。任何不提供高级发展机会的活动与业务，也应该采取外包形式。"

## 管理外包合作商，减少合作风险

生产外包远比物料和零部件的采购复杂和难以把握，因为外包已经成为一个独立于企业之外的过程，而且许多基础数据都已经不在企业内部，这样导致了一个严峻的现实问题：如何将生产外包纳入企业整体管理流程，这将是管理生产外包的核心。

### 生产外包的三大难题

从20世纪开始，就已经有很多人意识到了一个问题，那就是他们最多只能在产业链的少数几个环节具有高度竞争力，没有人能够把控供应链的所有环节。于是，他们把目光转向那些专业的生产商，与它们强强联合。然而生产外包也不是尽善尽美，实际上无论采用哪种方式合作，企业都会面临三大困难。

1. 信息不对称

企业和生产商掌握的信息肯定是不一样的，即便是同一家企业的不同部门，也是如此。大多数企业扎根于本土市场，出于降低成本的需求，选择远方的外包生产商，它们并不熟悉对方的制造能力和服务水平，也不了解外包所在地的整个行业资源。

2. 成本高昂

生产外包能够保持很低的成本、获取较大的利润空间，但这是站在大企业

### 4. 交货日期

假如是长期合作伙伴，企业也可以考虑向生产商派出驻厂工程师，一方面监控生产现场的工艺执行和产品品质，另一方面还可以监督工厂是否严格执行生产计划，并且及时反馈生产情况，确保生产商能够在规定的时间内保质保量地交货。

### 5. 售后服务

售后服务也是外包生产的重要一环，企业需要与生产商建立一条专用的售后通道，确保后续的服务能够快速送达。

**拓展阅读**

#### 海尔整合供应商，抓住供应链的上游

海尔是中国家电行业的龙头老大，也是最早走向国外，学习西方先进管理方法的企业之一。由于最先接触外界，因此海尔很早就意识到了供应链的重要性。在20世纪90年代，国内大多数企业还处于粗放式管理模式时，海尔已经开始进行以订单信息流为中心的业务流程再造了，即把金字塔式的企业组织结构转变为面向流程、面向客户的扁平化组织结构，对商流、物流和资金流等进行再造，极大地提高了供应链的运作效率和反应速度。

同国内众多供应商相比，海尔是当之无愧的上游企业，掌管着众多中小企业的前途和命运。海尔对所有供应商进行整合，从源头入手，以产品质量为主要参照系，淘汰了80%以上竞争力较弱的供应商，又引入了更多竞争力较强的供应商，并且采取多种方式巩固与供应商的关系。在供应商网络不断得到优化的同时，海尔产品的数量和质量也得到了质的提升。

在生产过程中，海尔还有意加强与供应商的接触，以便能够更加深入地掌握供应链。供应商可以按照订单，从自己的生产线直接配送到海尔的生产

线，实现线到线供货，这样做可以减少中间的流通环节，减少出现差错的可能性。

**专家提醒**

生产外包有利有弊，企业通过生产外包降低了成本，提升了效率，但同时也要承担相应的责任和风险。任何企业都无法完全消除不良产品，只能加强对生产商的管理，尽量降低不良率。

**加入供应链读者交流群**

与专家、读者分享和深入探讨供应链的各个环节

▶ 入群指南详见本书 首页

# 生产外包驻厂管理,供应链全程可控

许多大企业在和供应商合作时,喜欢派遣两个或者数个有经验的供应商质量工程师(SQE)进驻到供应商的工厂内,担任驻场管理人员,与工厂内的工作人员一起处理订单,SQE工程师一般会长时间驻扎在供应商处。这种方式称为驻厂管理,通过驻厂管理,企业可以充分掌握供应商的生产情况。

**驻厂管理具有的优点**

企业派去进驻供应商的驻厂人员,平时的工作主要有两项:质检与跟单。质检是指驻厂人员负责监控供应商制作产品的质量情况,全程参与品质管理和把控。跟单则是指驻厂人员要负责跟进生产进度,确保供应商能按时完成订单。

和普通管理相比,驻厂管理主要有以下四方面的优势。

1. 能够及时解决问题

由于驻厂人员就在供应商处上班,因此能够全程参与生产。一旦产品出现问题,他们可以即时跟进解决,保证对故障问题的快速跟进和及时处理。

2. 能够保证产品的质量

驻厂人员通常由经验丰富的SQE工程师担任,他们对产品标准和质量管理非常了解,能够全程监控质量管理情况,因此可以保证产品的高质量。

**3. 能够与供应商保持良好的沟通**

驻厂人员由于长期和供应商的工作人员接触，并且一同负责产品的设计和生产任务，因此相互之间比较了解，沟通起来更加顺畅。

**4. 能够协助供应商及时更改不合理的环节**

驻厂人员全程监督产品的生产环节，对产品的制造流程非常熟悉。他们会经常在生产线上巡视，一旦发现异常或者不合理的地方，可以立即向供应商反馈，避免大批量产品出现问题。

**驻厂管理的三个主要环节**

驻厂人员需要全程监督供应商的工作，包括新产品导入管理（New Production Introduction，NIP）、量产管理（Mass Production，MP）以及项目停产处理（End of Life，EOL）等。

**1. 新产品导入管理**

新产品导入管理，指的是新产品导入阶段的管理，新产品导入阶段也就是人们通常所说的试产阶段。任何产品的质量都不可能一次达标，必定需要经过数次打磨、修整之后，才能满足批量供应的要求。在新产品的导入过程中，要先成立产品质量策划与控制计划小组，其由研发、生产、工程、品管、采购、市场、计划等部门的人员组成，人数一般在7~10人。然后制定严格的项目计划表，一步步确认生产线的配置及产能规划等。在此过程中，驻厂人员要全程参与、监督。

**2. 量产管理**

产品通过试产合格后，就到了量产阶段。在量产过程中，驻厂人员不再需要时刻紧盯着流水线，因为流水线上的组长、员工以及质检人员都已经了解了自己的工作内容和质量标准。驻厂人员只需查看员工操作是否符合规定，并且按照相应标准抽样检验成品质量即可。确认产品质量合格，即可在预定时间内完成出货。

### 3. 项目停产处理

项目停产时，驻厂人员应当提前通知供应商，做好扫尾工作，以便供应商能够对剩下的物料进行清点，尽量减少库存，同时对未来的生产计划做出预估和调整。

> **拓展阅读**

#### 百得公司用"5M1E"法则管理外包生产质量

百得公司（Black&Decker）是一家专业从事家用电动工具经营工作的品牌，至今已经成立100余年。百得公司在全球100多个国家提供销售及市场服务，并且在11个国家设有专业化的生产商，其中就包括中国。百得公司素以产品质量和产品设计知名。通过对5M1E法则的运用，百得公司帮助供应商建立了极高的质量体系。

5M1E是全面质量管理下的几种基本要素，主要内容介绍如下。

（1）人（Man/Manpower）：指制造产品的人员，主要考察操作者对质量的认识、技术的熟练程度和身体状况等。

（2）机器（Machine）：指制造产品所用的设备，主要考察设备的精度和保养情况等。

（3）材料（Material）：指制造产品所使用的原材料，包括材料的成分、物理性能和化学性能等。

（4）方法（Method）：指制造产品所使用的方法，包括加工工艺、工装选择、操作规程等。

（5）测量（Measurement）：指测量、检测产品的过程，主要看测量的方法是否正确。

（6）环境（Environment）：指产品制造过程中所处的环境，包括温度、湿度、照明和清洁条件。

在这几大要素中，人最为重要，处于中心地位。其余几个要素，都是围绕着人展开的。

百得公司的驻厂人员非常重视对人的培养，尤其是对一线员工的培养。在产品的设计阶段，其SQE工程师就会亲自参与对流水线上每一道工序的设计，直至所有工序都符合标准为止。正是在这样严苛的管理下，百得公司成功地保证了产品的质量。

驻厂人员的实际水平通常要和供应商工厂内的管理人员相当，这样才能在沟通时处于对等地位，不至于失去威信。

# 发展核心技术，才能在竞争中脱颖而出

核心技术是所有企业梦寐以求的东西，是企业的安身立命之本。核心技术不能只靠买卖，只有自主研发，将技术牢牢地掌握在自己手中，才能在激烈的市场竞争中站稳脚跟。关于核心技术的重要性，历史上已经有过无数次的经验和教训，然而并非所有企业都能如愿获得核心技术，它们只能选择购买，将核心产品的生产权让给对手。

**核心技术不能一直依赖购买**

企业都知道核心技术很重要，然而对于发展核心技术的态度，不同的企业则会有不同的见解。有的企业认为，现在是全球化的市场经济，只需要向外国公司购买即可；也有企业认为，中国现在的经济还很不发达，应该将重点放在其他事业上，没有必要花费这么大的代价去开发核心技术，等到经济变好之后再开发也不迟；也有企业坚定不移地认为，核心技术必须立即着手开发，一刻也不能耽搁。

国家必须掌握核心技术，否则就会被别人卡脖子，永远也翻不了身。现在中国的科技行业的发展可以说才刚刚起步，很多企业没能直接掌控市场，更没有关键的核心技术，这两点值得反思。在经济危机的影响下，贸易保护主义逐渐抬头，以美国为首的资本主义国家设置贸易壁垒，以打击新兴国家的企业。

企业如果既没有不可替代的核心技术，也没有驾驭市场的能力，必然会面临危机。

将核心产品也外包给别人，势必不会有多么理想的结果。因为别人不可能将最核心的技术用在外包项目上。双方的立场不同，势必会在合作的过程中产生冲突。

**外包公司也应当重视发展核心技术**

拥有核心技术之前，做外包是不得已的选择，也是一个可靠的选择，因为这样可以积累一定的资本，为后期的发展做准备。俗话说"一屋不扫，何以扫天下"，先从低层做起，慢慢积累经验，才能逐步走向高层。美国、德国、日本等知名企业最初也曾有过做外包的经历，然而它们终于一步步拥有了属于自己的核心技术，获得了今天的地位。

核心技术并非一朝一夕就能获得的，而是需要长时间的积累做铺垫。中国所走的道路，和美国、德国、日本等国所走的道路非常相似，改革开放前几十年，我们一直扮演着打工仔的角色，然而现在也开始拥有了自己的核心技术。

**拓展阅读**

中兴事件敲响警钟：缺乏核心技术，只能受制于人

2018年4月16日晚，美国商务部发布了一则通告，称中兴通讯违反了之前签订的和解协议，为此禁止美国企业向中兴通讯销售元器件，禁止时间长达7年。一时之间，中兴企业上上下下惊惶不定。

此次事件中，中兴最需要的核心部件，如英特尔的处理器、高通的芯片、博通的基带等，都被列入禁售名单中。这些技术和零部件是中兴产品的核心，少了这些东西，中兴几乎无法运转。

## 第六章 规范制造商，建立现代化质量管理体系

互联网和信息产业属于高精尖行业，其比拼的就是核心技术。商业模式的创新固然能够带来流量和财富，但是离开了核心技术，就显得不堪一击。中兴是通信设备领域中的佼佼者，在中国市场占据了很大的份额，仅2017年的净利润就达到了45.7亿元人民币。然而中兴在基带、天线和射频滤波器等核心部件方面的积累几乎是零，这些年中兴的专利申请不少，但是核心的专利却寥寥无几。

对这次事件，《人民日报》发表评论文章称："核心技术受制于人是我们最大的隐患""这一事件不仅对包括中兴在内的高科技企业产生影响，而且在舆论场上引发深入讨论，其中的一个关注焦点是，出口禁运触碰了中国通信产业核心技术缺乏的痛点。'缺芯少魂'的问题，再次严峻地摆在人们面前"。

中国要发展高质量经济，就需要大力发展核心技术。这条道路虽然很不好走，却是唯一正确的选择。

## 名企案例 联合利华用供应链部门应对市场变化

联合利华是全球最大的快速消费品公司,在很多国家都有自己的供应商和销售业务。联合利华一直面临着一个重要问题,即如何才能满足不同市场上消费者的习惯。如今,在越来越多公司开始思考可持续发展理念时,联合利华已经在这个问题上交出了一份令人满意的答卷。

**联合利华用"落地"策略应对不确定性**

这是个不确定的时代,如何在不确定的环境中站稳脚跟,考验的是企业对环境的适应能力。

作为世界上最大的快速消费品公司,联合利华的成绩是傲人的,2017全年的销售额达到537亿欧元,其中绝大部分来自发展中国家。然而,市场的不确定性同样困扰着联合利华,发展中国家的市场充满了变数,尤其是中国这样的新兴大国,几乎每天都有新的挑战者出现。雷军曾说:"站在风口上,猪都能飞起来。"对于中小企业来说,确实是这样,但对于大企业来说,可就不一定了。每一次社会转型的出现,都会涌现出一大批新兴的中小企业,它们试图在联合利华的商业帝国版图上分一杯羹。

为了应对这个问题,联合利华决定采取"落地"策略,当别人都在梦想着飞上天时,联合利华却紧紧地贴合市场,深入挖掘每个国家和地区的本土文

## 第六章 规范制造商，建立现代化质量管理体系

化和消费者习惯，紧接地气，这为其在供应链整合方面做了很大的贡献。通过"落地"策略，联合利华和本土供应商抱团形成利益集合体，直面消费者的实际需求，不断推出符合市场需要的产品。

**利用先进技术驱动供应商管理**

进入不确定的时代，联合利华更加重视对技术的运用，通过对"物联网"的运用，联合利华将供应商整合成一个信息共享的整体。

联合利华对"物联网"的运用，主要从两方面进行：一方面，通过分析消费者的行为，明确其实际需求。另一方面，通过大数据的使用，对运作进行优化。比如，在物流系统、生产系统中，通过对GPS、车辆传感器、用电量、用水量等数据的追踪和分析，确认平台系统是否合理，是否需要优化。

联合利华一向积极拥抱技术，其把数据分析用到了极致。从超市货架上每个产品的变化，到供应商的产量变化都被其统计出来，从而形成了一条能产生出高价值的数据链通路，利用通路上的每一个节点的每一项数据，对供应链业务进行优化和改进，从而使业务运营获得了骄人的成绩。

> 拓展阅读

### 联合利华的供应链部门

联合利华意识到，要想始终保持先进性，在市场竞争中独占鳌头，就必须提升供应链运作的方方面面。

为了加强对供应链的掌控，联合利华专门成立了供应链部门，专门负责供应链的调控、调配任务。经过整改之后，形成了四个关键职能，分别是：计划部门、采购部门、生产制造部门、物流部门。计划部门是整个供应链部门的大脑，支配资金流、物流还有信息流；采购部门负责寻求新的供应商，并且与供

应商建立良好的合作关系；生产制造部门的责任是将计划完成，把抽象的图纸变成实实在在的商品；物流部门的工作则是有计划地将做好的产品运往世界各地。

供应链部门的首要任务，便是在北美地区进行改革，这是联合利华的总部所在，即便进行大的改革，也不会给市场带来震动。结果发现，效果确实很好，于是逐步向海外市场推广。近年来，供应链管理的重要性不断提高，联合利华因此对供应链部门寄予更多的期望，其将公司的供应链战略与更大范围的商业战略统一起来，从而创造价值，实现业绩增长。

在面对市场环境的变化时，联合利华没有故步自封，而是果断调整供应链，并使之成为竞争优势的源头，这一点值得人们学习。

# 第七章

## 整合运输商，打造仓储物流一条龙服务

物流是供应链的重要组成部分，它几乎贯穿了整个供应链，把供应链上的各个环节连成了一个整体。企业应当重视物流管理，与运输商达成战略合作，为供应链管理扫清障碍。物流包括两个部分，一是运输，二是仓储。对物流服务的整合效果，是考查企业供应链管理水平的重要指标之一。

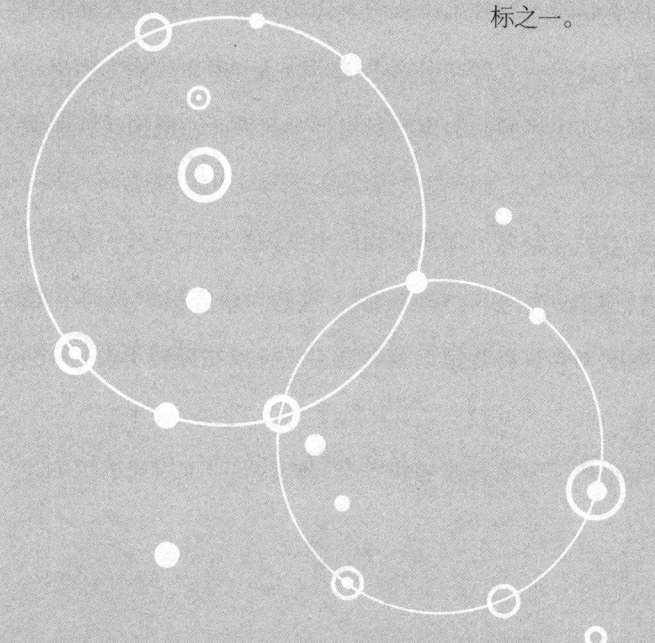

# 优化物流管理,提升供应链的输血能力

在供应链各环节中,物流占据着极其重要的地位,它就像人体内的血管,持续不断地将营养输送至四肢百骸。而物流管理水平则被看成是企业与其供应商和客户相联系的能力。可以说,没有物流,就没有所谓的供应链。对物流进行优化,就是对整个供应链的运转进行优化,进而提升供应链的输血能力。

**物流是连接供应链各环节的纽带**

在很多人看来,物流是个低端行业,只不过是将已经做好的产品或零件送到指定的地方罢了,能有什么难度?的确,运输货物没有什么难度,但管理物流却没有这么简单。在传统制造业行业,物流成本往往占据了其总成本的很大一部分。假如出现了错误的装运,或者在运输中损坏物品,还会致使货物重新制作,这期间产生的费用,远比完成一次生产昂贵得多。因此,把物流管理做好其实也是在节省成本。

物流就像一条纽带,将供应链各个环节上的厂商全部串联在一起,最终送到消费者手上。企业进行物流管理的核心任务,就是向顾客提供及时、精确的产品递送,因此,客户服务质量是发展物流管理和供应链管理战略的关键要素。

现在市场环境的变化趋势,要求企业加快资金周转,同时加快对信息的收集和反馈，通过"短、平、快"的方式打通市场。可以说，在互联网时代，速度决定了企业的生死，其中当然也包括物流的速度。

一般来说，大规模的运输系统会提升物流的效率，同时降低单位产品的运输成本。这就需要有创新的规划，以把小批量的装运聚集成集中的、具有较大批量的整合运输。

**规范化物流管理的三个目标**

在大企业的经营管理中，物流作业都是非常规范的，每次运输货物时，都要按照货物的批次号进行反复确认，然后才会装进车厢或者装入集装箱，运输到各个地方。规范化的物流作业，主要包含三个领域：配送、制造和采购。这三个领域的结合使在特定位置和地点、供应源和客户之间进行材料、半成品和成品等运输的综合管理成为可能，而企业会通过存货的移动使物流过程实现增值。

要想使物流管理变得规范，就应当实现三个目标：快速反应、最小变异、最低库存。

快速反应影响的是物流的速度，直接决定了企业能否及时满足客户的需求，是物流作用的直接体现。它把物流作业的重点从根据预测储备货物，转移到对客户需求做出迅速反应上来。通过对现代信息技术的运用，企业的快速反应能力得到了大幅提升，即可以在最短时间内结束物流作业，并尽快完成交货。

最小变异反映了物流的质量，物流光有速度还不够，还得能够保证质量。在运输过程中，尽可能地控制任何会破坏物流系统的意外事件。比如，客户收到订货的时间被延迟、制造中发生意想不到的损坏、货物交付到不正确的地点等。在传统经营管理模式下，企业只能通过建立安全储备存货，或者使用高成本的运输方式来解决这个问题,现在借助于大数据等先进技术,那些影响物流质量的意外事件也在不断减少,因为电脑程序出错的概率,比人工操作出现失误的概率低得多。

最低库存反映的则是物流的周转速度。物流周转速度越快,企业的盈利能力就越强。存货可用性的高周转率意味着分布在存货上的资金得到了有效的利用,保持最低库存就是要把存货减少到与客户服务目标相一致的最低水平。

**拓展阅读**

京东自营物流,提升供应链效能

作为国内一流的电商网络平台,京东从2007年开始,就一直坚持做物流。为了提升用户体验,京东开发了一套以产品、价格与服务为关键要素的倒三角管理模型。在这套模型中,物流体系的管理水平是影响用户服务体验的重要环节。

然而这条道路进行得并不顺畅。从一开始,人们就对京东是否应该自建物流充满争议。马云甚至直截了当地说:"京东将来会成为悲剧,这个悲剧是我第一天就提醒大家的,不是我比他强,而是方向性的问题。"

面对众人的质疑,京东没有放弃原来的道路,而是坚定地走了下去。京东做物流与普通快递公司有本质的不同,普通的快递公司只是为了从物流中盈利,他们不在乎货物是从哪里来的或送到哪里去。京东的物流是为整个供应链服务的,要尽可能地减少商品运输距离。运输距离越长,搬运次数越多,物流成本就越高,而京东要做的则是减少货品的搬运次数,降低物流成本、提升物流效率,最核心的解决办法就是建立仓配一体的自营物流体系。

很快,自营物流体系为京东的客户带来了很好的购物体验,迅捷的物流成了京东的一张名片,为京东带来了大量的用户。

> **专家提醒**
>
> 物流供应链管理的基本概念是建立在这样一个合作信念之上的,即它能够通过分享信息和共同计划使整体物流效率得到提高,使渠道安排从一个松散的联结着独立企业的群体,变为一种致力于提高效率和增加竞争力的合作力量。

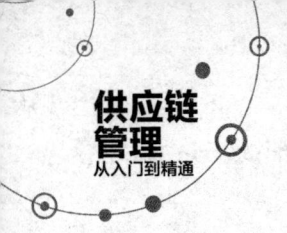

# 精细化管理，让仓库井然有序

有人说仓库是制造的开端，也是制造的结束，这是站在工厂工人的角度来说的。工人要制造产品，首先就要去仓库领取相应的物料。产品制造完成之后，将产品送入仓库，直至最终出货。仓库管理水平的高低，直接影响工厂的整体运转，因此现代企业都在不遗余力地推进仓库的精细化管理，目的就是要消除混乱，从而提升效率。

**唯有精细化才能管理复杂的仓库**

仓库的作用是提供一个物料或者产品的中转站，为物料或产品的转移做准备。在仓储作业环节，工厂可以进行商品的整理、包装、质检、分拣、贴标签、再加工等工作。可以看出，仓库的作用是非常复杂的。仓库中堆积如山的成品、半成品、物料等，这些物资往往数以亿计，占用了企业大量的流动资金。毫不夸张地说，很多仓库就是老板的全部身家。

要管理如此众多的成品、半成品、物料，显然需要高超的管理水平。仓库的管理水平，往往能够决定整个生产过程是否顺畅、整体效率能否提高。这一点在很多企业未能够被重视，来料是否及时、物料是否备齐、通道是否顺畅、标识是否清楚、库容是否足够等无不影响着生产的各个环节。

显然，采取精细化管理是仓储管理的必然选择，要将粗糙、落后的管理方式，向精确、协同的方式转变，如此才能提升竞争力。精细化管理必须充分利用现代的管理科学和先进技术，在对效益与效率的不断评估权衡中实现管理水平的持续提升——我们不难理解，精细化是一个过程，是一个持续的、漫长的、管理优化的推进过程。那么在这一过程中我们应该如何把握节奏呢？就像跑马拉松一样，我们该如何科学合理地分配自己的体能呢？

精细化管理也存在"短板效应"，它的最终效果是由精细化程度最差的那个部门决定的。因此精细化管理需要整个工厂的配合，各个部门都应该参与进来，这是一项系统性工程。在实际管理过程中，每一个部门的每一个员工都需要遵守相关的规定。

**用5S管理法则实现仓库精细化管理**

5S管理法则是现代企业通行的管理方法，5S管理法则包含五种要素：整理、整顿、清扫、清洁、素养。整理是指将工作场所内的物品分类，并把不要的物品坚决清理掉，目的是腾出空间，防止物品混用、误用；整顿是指把物品分门别类地摆放好，并且做好标识，使工作场所一目了然，避免过多的物品堆积在一起；清扫是指将工作场所打扫干净，使仓库的地面连同物品保持干净，这样做是出于维护生产安全、提升生产品质的目的；清洁与清扫比较接近，是指经常性地做整理、整顿、清扫工作，并对以上三项活动定期或不定期地监督检查；素养是指让每个员工都养成良好的习惯，遵守规章制度，用饱满的精神开展工作。

通过使用5S管理法则，可以将仓库内的所有物品标识和分类，这样就不会产生混乱，从而变相地提高了仓库的管理效率。

> **拓展阅读**

顺丰：用信息化升级仓储物流

在国内的快递企业中，顺丰集团无论是规模、覆盖网络，还是市场份额，都处于顶尖水平，仅次于中国邮政集团，位居第二名。

顺丰素来以高效、快速著称，这与顺丰对仓储的高效管理是分不开的。要管理这么庞大的业务，顺丰必须借助信息技术。顺丰非常重视对信息技术的运用，在仓库管理方面，顺丰采用的仓库管理系统WMS是国内领先的，支持各品类进销存管理。通过这套系统，顺丰能够实时监控仓储运营现场作业进度，及时、准确、快速发货。顺丰投入巨资进行信息科技研发和建设，由公司内部营运与IT共同组成团队进行研发，陆续实施上线了HHT手持终端、全/半自动分拣系统、呼叫中心、营运核心平台系统、客户关系管理系统、GPS全球定位系统和航空管理系统等先进的软硬件设施、设备，率先在国内实现了全自动与半自动机械化操作。

随着信息化的不断加强，顺丰很早就实现了对仓储系统和物流系统的精细化管理。在二十余年的发展过程中，顺丰建立了高水准的精细化管理，这让顺丰拥有了强大的高峰应对能力。现在，顺丰的仓储具备日均处理40万票、峰值200万票的超强订单处理能力，这让顺丰在市场竞争中处于不败之地。

2018年5月9日，"2018中国品牌价值百强榜"发布，顺丰速运排名第87位，可以为全国31个省、直辖市、港澳台地区提供高水准的门到门快递服务。

第七章　整合运输商，打造仓储物流一条龙服务

**专家提醒**

要想顺利地推行精细化管理，光靠资金投入是不够的，还要依靠各个部门的协同合作。此外，企业投入产出的效益权衡也需要在推进精细化管理的过程中认真思考。

# 规划仓库区域，提升供应效率

对仓库区域进行规划，是仓储系统管理的重点内容。在偌大的仓库空间里，必须划分一个个专属区域，将物料或产品分门别类地摆放整齐，为之后的再次取出和使用提供方便。划分仓库区域，需要采取专业的方法，不能随意布置，要考虑生产过程中的方方面面，如物料存取、成品摆放、出货运输等。

**划分仓库区域，合理管理库存**

由于大企业和中小企业在产业规模上存在巨大的差距，因此在仓库的设计上也会有所不同。一般而言，大企业更多地使用中、高层立体仓库，这样可以压缩仓库占地面积，同时提高库容量，有些企业已经使用了无人操作，输入指令后，机器会自动寻址、自动装取，这样一来，效率大大提升。而中小企业显然没有这么强大的实力，只好退而求其次，选择中、低层立体仓库，并且依靠人工寻址、人工装取，这样做的效率虽然不高，但是胜在经济实用。

无论仓库的规模有多大，在区域划分上都有着相似之处。一般专业型的企业会把仓库分为三个大区。

（1）收货区。负责物品入库前的核对、检验以及其他进库准备。

（2）存储区。货物存放的位置。

（3）发货区。待出库货物存放的位置。

划分完大区之后，再根据实际需求划分出一个个小块的区域，如半成品区、工具存放区、包装加工区、标签打印区等。

仓库区域划分应当遵循一个基本原则：在有限的空间内尽可能地多放物品。要根据产品的性质进行规划，根据物料的不同性质和规格，预留不同的存储空间，以免出现物料无处摆放的尴尬局面。

**合理规划仓库的货位与货卡**

做好区域划分之后，还要对每一件物料或者产品进行标识，并且按照一定的顺序依次摆放，这样能方便员工迅速找到所需的物料，而不至于在颜色、规格上产生混淆。尤其是在制造业工厂里，物料的品种和数量非常复杂，很多物料只有一点点差异，稍不留心就会弄错，从而给后面的生产加工造成困扰。

这就需要对仓库的货位和货卡进行规划，做到账、卡、物相符。账就是分类账，能体现当时库存该品种的所有批次的数量；卡就是货位卡，体现了一批产品的进出发放情况；物就是实物。通过对仓库的货位进行精准管理，可以方便员工判断每次库存的变化情况。

很多企业在使用软件系统时，对货位的设计并不理想，尽管在仓库里设计了货位，也做好了标识，但是由于操作的烦琐，也难以及时更新，这就给之后的工作带来了麻烦。比如，经常出现标识好的货位与货物不相符的情况，导致寻找物料时耗费了大量的时间和精力。要想避免这种情况的发生，就要确保货位的及时更新，可以在管理系统之外，专门建立一个Excel表格，用于更新货位的情况。

> **拓展阅读**

洋山港：供应链模式下的综合物流中心

说到仓储物流，就不能不提港口和码头。从全球物流供应链的角度来看，港口其实就是一个大型的物流中转基地。

传统的港口和码头一般分为这样几块区域：码头作业区、仓储区、集疏运作业区等，这些庞然大物每天的吞吐量十分惊人。在供应链高速发展的今天，物流系统变得极其复杂，港口和码头也已经由传统的、单一的交通枢纽，变成综合性的物流中心。洋山港就是这样一座综合性的物流中心。

洋山港位于浙江省境内，是上海国际航运中心的深水港区。洋山港设计之初，人们就已经充分考虑了各方面的因素，赋予了洋山港更多的服务功能，现在的洋山港兼具物流园区、保税区、物流加工区等功能，按照物流港区模式进行统一规划，使得港口同时具备中转装卸、仓储、加工、保税、物流配送、贸易等多种服务功能。

洋山港建成之后，吸引了许多企业前来入驻，这些企业通过开展国际中转、国际采购、国际分拨、转口贸易和出口加工等业务模式，把物流服务网络覆盖到长三角及内陆地区。这种模式可以最大限度地发挥港口物流服务功能，并且节省物流成本，节约占地面积。

> 仓库是保障企业运营的基础设施，出于成本上的考虑，必须进行合理的规划，这样才能用尽可能低的成本完成供应链的转运工作。

# 不留死角的综合库存盘点法

在大多数人看来，盘点库房是一件容易的事，然而，只有仓库人员才知道这件事有多麻烦。一到年终盘库时，在仓储系统的工作人员便又要头痛了，经过了一年的折腾，库房中的存货早已经移动了无数次，很容易出现账实不符。其实盘点库房并没有那么难，使用综合库存盘点法，可以有效提高盘点的效率。

**四种盘点方法，全面盘点库存**

盘点库存是企业必须进行的一项工作，其目的是核对仓库的真实情况，一方面要查清库存货物的实际数量和质量情况，以及账目对比是否相符。另一方面，还可以借助盘点库存，查明存货发生盈亏的真正原因。

在盘点库存时，可以从多方面着手，采取多种盘点方法，以减少误差、提高准确率。盘点库存通常有四种方法：永续盘点法、循环盘点法、重点盘点法、定期盘点法。下面我们来一一分析。

1. 永续盘点法

永续盘点法，也叫动态盘点法，意思是在入库的同时进行盘点。一批产品制造完成以后，QC检验员会从中抽取一部分进行检验，确认合格之后，产品就可以摆放在指定的位置，等着装柜出货。在入库之前，要把数量仔细清点一

遍，然后才能入账。

### 2. 循环盘点法

把整个仓库的产品按照时间划分成几块，每次盘点一部分，整体盘点完毕之后，隔一段时间再开始新的循环。循环盘点法节省人力，盘完一部分再开始下一部分的盘点，化整为零。

### 3. 重点盘点法

有些东西需要重点盘点，如进出频率高的物品或者容易损坏的物品。

### 4. 定期盘点法

盘点没有结束时，需要定期进行。盘点的周期越短，对仓库的利用效果就越好，越容易及时处理那些呆滞的库存，从而做到及时处理。

**四个注意事项，确保盘点质量**

盘点不能盲目进行，在盘点过程中，必须留意以下几个注意事项，尽量提高盘点的准确度。

### 1. 各部门都要参与

盘点不仅仅是仓储部门的事情，其他各部门也应该派出人员参与清点，如生管部、财务部、品管部等，都应该参与检查库存的品名和数量，财务部门还要对库存的价值进行计算。这样做一方面是为了提高准确度，另一方面是为了相互监督，避免作假。

### 2. 盘点时间的选择

仓库盘点一般选择在月底或者年底，有时也会因为特殊需要而临时选择时间。这样做可以与仓库每月的结账时间保持一致，更方便查找账目与库存的差异。

### 3. 盘点的同时,要做好记录

盘点时最好做一下记录,可以在盘点之前将账目上的批次、产品、数量等打印出来,为盘点提供参考。

### 4. 必要时可以进行复盘

有时,盘点工作也会出现差错,尤其是账目和库存差距较大的情况下,进行复盘可以提高数据的准确性,减少工作中的失误。

另外,假如在盘点期间,仓库仍然需要收货、发货的话,应当尽量避免打乱当前的盘点计划,可以将收发的单据日期推后一天,并对入库的原料进行隔离处理。

> 拓展阅读

#### 盘点库存,优化仓储管理

为了加强仓储管理,某大型药企公司决定派遣一名经理进行盘点,以便发现其中的问题,从而改进管理。

为了确保盘点的准确性和有效性,该经理选出了几名助手,并且对他们进行了分组,要他们按照产品的批次一一核对。

盘点之前,经理在企业的管理系统中找到了库存明细,并从电脑中打印出来,分别交给组员们,让他们按照清单上的批次,核对库存中的产品种类和数量。经过盘点,发现库存和账目相差不大,但存在很多隐患。首先是仓储人员对安全工作不太重视,安全设施没有做好标识,灭火器、消防栓等也没有按时检查;其次,库房中有一些过期的药品没有做好标识,存在混用的可能性,而对过期药品的处理,也没有明确的指示。

这些问题看上去无关紧要,但实际上存在着巨大的隐患,一旦发生事故,都有可能造成致命的危险。因此,经理向公司提出建议,要杜绝这些情况。

经过分析，公司高层同意了经理的建议，对仓储系统进行了全面改造，并且引入了一些最新的管理理念，把仓储系统直接提升了一个等级。

**专家提醒**

对于仓库盘点，做到日清月结是最理想的状态，但是大多数企业很难保证这一点，尤其是在中小型企业，其通常一年盘点一次或半年盘点一次。

# 用KPI考核评估承运商

在供应链管理中，运输是极为重要的一环。运输效率高，带来的是更短的物流时间以及更快的反应时间，这几乎决定了供应链的等级。善用关键绩效指标（KPI）考核评估承运商，一方面能够为企业找到最合适的承运商，另一方面也能促使承运商积极改善自身的管理水平，精简不必要的机构和流程，从而提升供应链的效率。

## KPI考核应当遵守的SMART原则

大多数公司会对员工进行KPI考核，以确定员工的真实水平和实际价值。企业也会对承运商进行考核，以决定之后是否继续合作下去。企业对承运商的KPI考核，也是通过衡量绩效指标，进而确定指标数值的。

在KPI考核过程中，应当遵循SMART原则（见图7-1）。SMART由五个英文单词首字母组成，即：

S：Specific　可具体，绩效考核要以具体的工作指标为参考，不能含糊其词。

M：Measurable　可度量，绩效考核可以用数值表现出来。

A：Attainable　可实现，设定的绩效目标不能太高，否则会脱离实际。

R：Realistic　现实性，指标是确实存在的，可以被事实证明。

T：Time bound　时限性，绩效指标必须控制在规定的时间内。

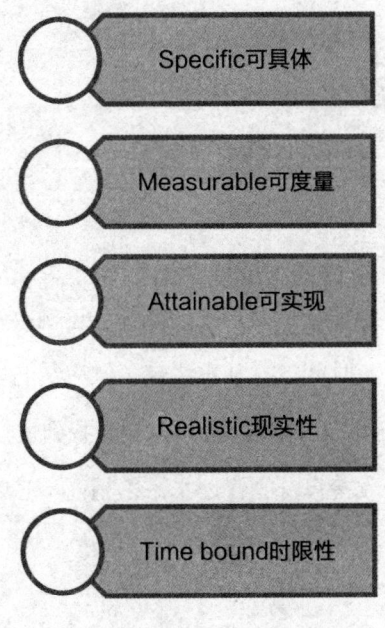

图7-1　SMART原则

从SMART原则的五项内容可以看出，对承运商的KPI考核，也是可以用数值量化的。KPI考核的关键在于计划性，也就是说，企业必须事先在心里设定一个期望值，然后才能给承运商的表现打分。比如，期望承运商能用3天完成运输，结果承运商按时完成了，那么它的表现就能打100分。

**承运商KPI考核的四个流程**

按照运输的流程，我们可以将承运商KPI考核分为四个步骤：发货阶段、运输阶段、货物到达阶段、结算阶段。

1. 发货阶段

满分：15分

指标计算：

$$提货延误率 = （当月延误次数 \div 当月承运总次数）\times 100\%$$

发货阶段KPI考核，见表7-1。

表7-1　发货阶段KPI考核

| KPI考核标准 | 合格标准 | 分值 | 加减分标准 |
|---|---|---|---|
| 提货延误率 | ≤1% | 15分 | 每超过1‰，扣2分 |

发货阶段考核的主要是提货的效率，即承运商能否合理安排行程，按照原定的计划前来取货。通常情况下，承运商的提货延误率很低，不会出现逾期提货的情况。

2. 运输阶段

满分：60分

指标计算：

$$破损率 = （运输破损件数 \div 承运总件数）\times 100\%$$

$$丢失率 = （运输丢失件数 \div 承运总件数）\times 100\%$$

$$信息反馈率 = （信息反馈数 \div 投诉总次数）\times 100\%$$

运输阶段KPI考核，见表7-2。

表7-2 运输阶段KPI考核

| KPI考核标准 | 合格标准 | 分值 | 加减分标准 |
| --- | --- | --- | --- |
| 丢失率 | 0% | 20分 | 每丢失1次货物,扣10分 |
| 破损率 | 1‰ | 20分 | 每超过1‰,扣5分 |
| 信息反馈率 | 100% | 20分 | 每降低5%,扣5分 |

运输阶段的考核要从多个方面进行,其中丢失物件是绝对不允许出现的,一旦出现,扣分比较严厉。对货物破损和信息反馈不及时的宽容度相对较高,因为这两件事很难完全避免。

3. 货物到达阶段

满分:15分

指标计算:

$$到货延误率 = (到货延误次数 \div 承运总次数) \times 100\%$$

货物到达阶段KPI考核,见表7-3。

表7-3 货物到达阶段KPI考核

| KPI考核标准 | 合格标准 | 分值 | 加减分标准 |
| --- | --- | --- | --- |
| 到货延误率 | ≤1% | 15分 | 每超过1‰,扣2分 |

影响送货时间的因素较多,但是总的要求仍然是按时到达。

4. 结算阶段

满分:10分

指标计算：

$$签单返回率 = （签单返回票数 \div 承运总票数）\times 100\%$$

结算阶段KPI考核，见表7-4。

表7-4　结算阶段KPI考核

| KPI考核标准 | 合格标准 | 分值 | 加减分标准 |
| --- | --- | --- | --- |
| 签单返回率 | 100% | 10分 | 每减少1%，扣1分 |

承运商的最后一步工作，是把经过确认的回单发给企业。签单返还主要有三种方式：传真货物送达签收证明，返还收件人签字/盖章确认后的货物托运单，或者将确认过的客户文件原件寄回。

### 拓展阅读

#### 划定承运商质量的五级分级体系

通过对承运商进行KPI考核，企业可以对承运商进行量化评级。在这件事上，浙江东阳某家具厂商做出了自己的选择。

众所周知，家具对运输安全的要求很高，任何一点小小的剐蹭、碰撞或者受潮，都有可能导致家具的价格下跌。但是家具的外形多种多样，不可能像其他商品一样被妥妥帖帖地装进纸箱内，很容易发生剐蹭、碰撞或受潮。因此，该家具厂对承运商的选择非常挑剔。

按照KPI考核，该家具厂把承运商分成五个等级：

A级，KPI分数≥90分，属于优质承运商，对此类承运商，应当将其选定

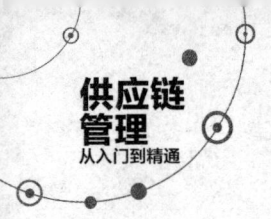

为长期合作伙伴，甚至列为战略合作伙伴。

B级，80分≤KPI分数≤90分，属于一般承运商，总体业务水平很好，但是略有瑕疵，可以选择与其扩大合作范围，增加货运量，并且也可以考虑缩短结款期。

C级，70分≤KPI分数≤80分，属于合格承运商，暂时与其保持现有的业务量，后期根据表现决定合作范围。

D级，60分≤KPI分数≤70分，属于劣质承运商，减少与其的业务合作，同时要求定期提供整改方案，并且落实下来。

E级，KPI分数≤60分，属于不及格承运商，应予淘汰。

**专家提醒**

KPI考核不是企业自己的事，也应该及时通报给承运商，让承运商了解自己的表现，这样才能形成互动，有利于双方更好地合作。同时，企业也应当对承运商进行回访，并且容许它们给出反馈意见，如果承运商对企业的考核有不同意见，双方可以进一步沟通。

## 名企案例 益邦实现物流升级，应对"双11"物流暴涨

自从2009年阿里巴巴推出"双11"购物节以来，每年的11月11日就成了对各大商家的"年终考试"。暴涨的订单量，带来的是暴涨的物流，以及对供应链的强力冲击。如果商家不能解决物流问题，就会坐视机会从手边溜走。面对这个问题，益邦选择用智能系统升级供应链，打造强大的供应链系统，为电商拓宽物流渠道。

### 应对"双11"，益邦供应链布局全国市场

"双11"的成交量实在过于庞大，简直是商业界的"春运"，以至于传统的物流系统完全满足不了需求。较早接触"双11"网购的人们一定还记得物流崩溃时的情景，那时一件快递甚至要等半个月以上，才能兜兜转转地来到消费者手中。而且过于繁重的任务，也使得物流的质量大幅下降，由此出现很多暴力分拣、野蛮装卸，甚至出现货物调包、失窃等乱象。

为了应对这种局面，很多公司积极着手改善供应链系统，尤其是物流系统，益邦就是其中之一。益邦积极建设智慧物流，着手打造智能化与信息化物流系统，并且自主研发了 WMS、WCS、BMS、DPS 和 DAS 等系统。在物流过程中，实现了自动识别信号分装拣货、大数据分析智能规划货量调度、货物流转全程可视化管理等功能。

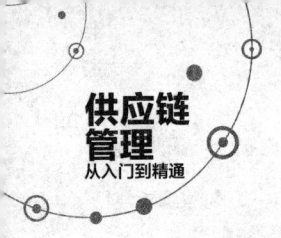

在仓储物流方面,益邦实现了从粗放向精细的转变。凭借十余年供应链运营方面的服务经验,益邦成功跻身行业领先,布局超过50个运营中心以及50万平方米的仓储面积,使配送网络触达全国所有县级城市。

**益邦六大战略业务板块,解决供应链适配问题**

在"双11"期间,全国的商家和物流公司都变得繁忙起来。消费者无非就是11月11日当天顺利下单,并且在接下来的时间内开心地等待快递罢了。但是从供应链层面来看,这一场针对"双11"的战斗早就已经开始了,甚至从9月、10月就已经开始准备了。

首先是企业根据以往的数据,对本年度的"双11"销量进行预估,然后制订销售计划,包括规格、数量、价格等各方面的内容。然后下达订单,让供应商有时间备货。接着由仓储物流系统运发到仓库中。最后,当"双11"的零点钟声正式敲响时,消费者便会发现,自己期待的商品正在静静地等待他们。

益邦不仅要解决物流方面的难题,还要进行多元化布局,逐步发展出六大战略业务板块,包括供应链管理咨询、精益供应链运营、物流科技与装备、大健康产业平台、供应链综合金融以及跨境电商与贸易。这些业务齐头并进,构成了益邦全产业链运作。

通过这六大业务板块的协同运作,益邦实现了供应链的转型升级。凭借丰富的运营经验及对客户的深度洞察,益邦在仓库资源整合、配送资源优化、人力资源建设等方面提供了与行业匹配的优质资源,为客户提供行业一流的定制化物流供应链解决方案。通过全盘考虑客户及终端消费者的痛点与需求,带动了整体供应链的发展。

> **拓展阅读**

## "双11"引爆电商时代的供应链革命

"双11"的首次推出是在2009年,当时的支付宝交易额不过1亿元人民币,然而第二年就增加至9亿元,此后每一年的成交额都会打破原有的纪录。而2018年天猫淘宝"双11"总成交额为2135亿元,成功打破2017年的纪录。

"双11"是消费者的狂欢日,也是商家和企业的促销日。"双11"购物节对各家电商都是一次大考,尤其是"双11"过后的三天时间内,是对电商商家和物流供应链最严酷的考验期。它对物流供应链的考验,主要体现在以下三个方面。

1. 对平台的考验

超大规模的信息量,考验的是平台的承载能力。就拿前几年的"双11"来说,有很多人抱怨抢不到想买的东西,零点一到,天猫的网店平台服务器就陷入崩溃状态,出现下单付款不成功等情况,这背后反映出来的是技术上的不成熟。而到现在,这种现象已经基本没有了。

2. 对卖家的考验

超大规模的订单量,同样对商家的服务能力提出了考验。往年,订单突然爆发之时,很多中小商家面对海量订单会出现错发、漏发甚至重复发货等情况,发货效率低,售后处理不及时。最近几年,订单失误情况少了很多。

3. 对物流的考验

在"双11"购物节中,最繁忙的恐怕要属仓储物流从业人员了。对平台物流和第三方物流公司而言,从前些年的爆仓到如今的有条不紊,体现的是其物流管理能力的不断进步。

**专家提醒**

　　人们常常将"双11"购物节和西方国家的"黑色星期五"圣诞大采购进行对比。其实两者差别很大,"双11"主要聚焦于线上,而"黑色星期五"聚焦于线下。相比之下,"双11"对供应链带来的改变更大。

# 第八章

## 各环节协同管理，弥补供应链的短板

供应链各个环节的管理水平不可能完全一样，有的管理水平较高，有的管理水平较低，按照木桶原理，水平最低的那个环节，将影响整个供应链的上限。因此在日常经营活动中，供应链上的各个环节应当互帮互助，实现协同管理，充分弥补短板带来的劣势。协同管理也能拉近各方之间的距离，加强企业之间的合作。

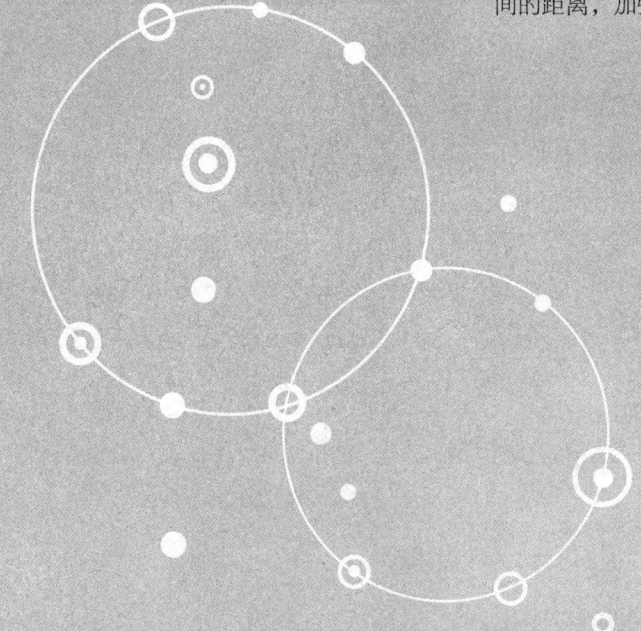

# 多方协作打造稳固的供应链

自从有了供应链的概念以后,供应链协同就不可避免地被人们时常提起,因为协同的本质是合作。合作的力度越高,越有可能创造经济奇迹。供应链协同就是在"共赢"思想的指导下,建立公平、公正的利益共享与风险分担的机制,在信任、承诺和弹性协议的基础上协同合作,进行面向客户和协同运作的业务流程再造。

**各环节协同管理,实现敏捷供应链**

要想在传统的制造业中做大做强,企业需要精通零售和品牌经营的慢功夫。然而并不是所有企业都具备这种能力,更别提超越欧美发达国家经营了上百年的大品牌了。业界普遍认为,在互联网技术高速发展的今天,企业更切实可行的转型之路是借助供应链协同,实现弯道超车。

那怎么做供应链协同呢?其与传统的供应链方式有何区别呢?我们不妨来看一个例子。

假设有这样一家服装厂,在2019年3月1日接到一笔订单,生产2000件外套,其中AB两个款式各1000件。按照传统的供应链管理方式,这家工厂应该立即开工,一个月以后把订单完成,交到客户手中。然而现在借助大数据分析,工厂可以了解到某种风格的衣服很受欢迎,在网上的热度很高,畅销的可能性很大,提前与企业联系,从2月中旬,也就是春节过后立即开工,接着从容不迫地抢占市场。

通过对比,我们可以看出,在传统的供应链管理方式下,企业对后端供应商的管理不到位,需求响应时间过长,很容易贻误商机。要想解决这个问题,有两条道路可选,要么按照传统的方法,加大投资,自给自足;要么建立敏捷供应链,与其他企业一起实现需求的快速响应,也就是供应链协同管理。

**供应链协同管理的五大组成部分**

供应链协同管理是一种管理思想,在具体操作过程中,它主要包括五个方面。

1. 订单协同

通过信息技术,现代企业之间进行沟通和交流已经不是什么难事了,关键在于企业是否愿意这样做。供应链协同管理的第一步,就是要企业之间积极沟通,自动发布采购计划与需求,让供应商能够及时掌握信息,同时要求供应商不得刻意隐瞒订单进度。

2. 账务协同

管理中的一个方面就是管理资金和账务。在供应链平台上,各个企业的账务工作能够更快地协商完成,从而减少账务悬而不决的可能性,有效节省时间。

3. 计划协同

在供应平台上,上游企业会预先发布年度计划,提醒相关供应商准备相应的物料。而供应商则对合作伙伴发布自己的交料计划,与企业共享用料信息。

**4. 生产与库存协同**

各个合作伙伴之间应当协同运作，共享库存与物料的使用状态，确保备料和储存空间充足。

**5. 物流协同**

物流部门和仓储部门必须紧密配合，才能完成双方的工作。仓储部门应当提前将出货信息告知物流部门，以便物流部门能够尽早做好准备。

### 拓展阅读

供应链协同管理的前世与今生

供应链管理大致经历了这样一个过程：在工业革命之前，社会大分工的效率还很低，那时是商业社会早期，是供应链管理的低效期，核心企业无法直接接触客户。在全球化进程开启后，逐渐形成了集成化的敏捷供应链管理，即一个核心企业能够同时管理全球多个地区的供应商及分销商。

进入20世纪90年代，互联网快速发展，供应链的发展也进入了一个新的阶段。由于需求环境的变化，原来被排斥在供应链之外的最终用户、消费者的地位得到了前所未有的提高，从而被纳入了供应链的范围。企业能够更贴近用户，实现由信息系统助力、用户需求驱动的供应链管理方式。

后来，学术界提出了供应链协同（Supply Chain Collaboration，SCC）。1999年4月，全球著名的供应链管理专家安德森和李发表了题为《协同供应链：新的前沿》的文章，指出新一代的供应链战略就是供应链协同。供应链协同成为供应链管理领域研究的热点，受到了理论界和企业界的广泛重视。

现在，供应链管理又进入了一个新时期，那就是由数据主导的信息化供应链协同时代。

# 第八章 各环节协同管理，弥补供应链的短板

供应链协同的本质是加强合作，减少企业间的猜疑和贸易壁垒，最终建立强大的业务联盟。在这个业务联盟中，每个企业都能获得成长。

# 供应链协同管理为企业带来竞争优势

和传统的供应链管理模式相比,供应链协同管理的优势是显而易见的。比如,更快的客户反应、更高的信任度、更合理的资源配置等。它打破了传统企业的边界,把供应链上的一个个信息孤岛联系在了一起。面对全球经济的快速发展和变化,供应链协同管理将发挥更加重要的作用,为企业提供更强大的竞争力。

**供应链协同管理能够强化企业竞争力**

在传统的供应链管理模式下,供应链上的各家企业表面上看是同盟关系,实际上是各自为战,彼此信息互不沟通,成为一个个信息孤岛。在它们看来,本企业的实际情况属于商业机密,绝对不能让外人知道。而供应链协同管理打破了这种模式,让各个企业联合在一起,实现了内外统一管理。这种做法,能够增强整个供应链的竞争力,进而增强供应链上每家企业的竞争力。

和传统的供应链管理模式相比,供应链协同管理主要有以下三大优势。

1. 加深上下游企业的合作

在大多数供应链中,上下游企业是彼此独立的,它们虽然也会沟通,但是沟通力度不足。而供应链协同管理就意味着企业之间更积极的沟通,如果在产品的设计和开发阶段,就引入采购团队和供应商网络,便可以最大限度地降低成本，并给销售带来积极影响。

2. 加大速度优势

在互联网时代，速度是企业的一个重要竞争优势。供应链协同管理意味着上下游企业之间的交流更充分，可以减少中间的等待时间，以及一些不必要的浪费现象，可以用最快的速度响应客户需求。

3. 打破了分工的界限

借助信息技术，供应链协同管理突破了传统的组织实体界限。它让每个员工或每个团队获得独立处理问题的能力，通过整合各类专业人员的智慧，获得团队最优决策，实现技术、组织、管理三方面的结合。

**提高供应链协同管理水平的四个方法**

要想提高供应链协同管理水平，需要把供应链上的各个节点紧密联系在一起，而这就需要做到以下四点。

1. 建立信息共享平台

构建供应链协同管理，第一步是搭建一个信息平台。信息共享是保证企业协同的必要条件，各企业之间信息的处理程序必须规范，处理信息要遵守一定的规程，不能出现虚假信息，企业各部门按照统一数据库进行管理决策，并按照正常的行政制度，实现企业总体经营目标。在这个共享信息平台上，供应链的参与者可以了解友商的各种信息，从而做到抱团发展、共同进步。

2. 推进文化建设，形成价值认同

供应链上的各个企业是独立的，它们可以在利益的驱使下共同合作，但是很难在价值观上完全保持一致，这也就导致了传统供应链管理下的企业总是貌合神离。因此，要想提高供应链协同管理的水平，就应当重视文化层面的建设，使供应链的参与企业之间形成一致的价值取向和文化理念。

### 3. 建立供应链战略合作伙伴关系

供应链协同,实际上是供应链上的企业抱团取暖的行为,这就要求各个企业对联盟保持忠诚,因此必须把各方的利益紧密结合在一起,防止个别企业出于本企业的利益做出不利于供应链联盟的举动。最简单易行的方法,就是建立战略合作伙伴关系,以此作为协同的条件。

### 4. 建立稳固的信任机制

要想提升供应链协同管理的效率,首先要建立稳固的信用体系,确保每个成员都能互相信任,从而毫无保留地投入进去。从目前的情况来看,维持信任的方法主要有三种:一是法律手段,这是最有效的方法,因为法不容情,违背就会受到惩罚;二是声誉保证,声誉是企业的生命,关乎企业的直接利益;三是感情维护,企业终究是由人掌控的,因此商场也离不开人情。

**拓展阅读**

**京东集团副总裁:建设全球智能供应链,需要各国协作方能完成**

2018年11月21日,新加坡管理大学举办了新大中国论坛,论坛的主题是"数码革命与人工智能:新加坡与中国的发展经验"。新加坡管理大学校长梅雅诺教授,中国驻新加坡大使馆教育参赞曹世海,新加坡管理大学法学院院长吴亦涵,创新工场董事长兼首席执行官、人工智能工程院院长李开复,京东集团副总裁、大数据与智能供应链事业部总裁裴健,新加坡国立研究基金会副行政总裁张伟洋等嘉宾出席了论坛。

在会议上,裴健作为京东集团副总裁发表了自己的见解。他说,未来十年的关键词仍然是"全球化",全球化是世界经济发展的必然方向,不会因为当下的一些阻碍而停滞不前。

裴健指出:"供应链的建设是需要多方合作共同完成的。"他希望,通过

第八章 各环节协同管理，弥补供应链的短板

建立全球供应链创新中心这样的平台，来让大家一同搭建起全球的供应链标准，实现供应链资源与服务平台的全球网络化布局。

供应链协同管理是未来的发展趋势，它能使企业之间的合作更加深化，从而提高供应效率，使企业在市场竞争中立于不败之地。

# 供应链协同管理的"三步走"策略

供应链协同管理是针对供应链整体的重构和优化，它的本质是一种组织行为，目的是提高核心竞争力。通常而言，人们将协同管理分为三个等级，即业务协同管理、战略协同管理、文化协同管理，这是按照供应链协同管理的程度划分的，从前往后，协同程度依次提高。要想实现供应链协同管理，可以循序渐进地进行。

图8-1　供应链协同"三步走"

**业务协同管理：构成供应链的基本要素**

业务协同管理是供应链协同管理的基础等级，也是最低层次的协同管理。业务协同管理就是指供应链上的各个企业实现业务流程整合，使得端对端的"对接"更加紧密，资源利用更加高效。假如连业务协同也无法做到，那么供应链就很难真正形成竞争力。

# 第八章　各环节协同管理，弥补供应链的短板

实现供应链协同管理，首先要做到业务上的紧密配合。业务运营是企业的根基，不论是企业的内部管理、人才建设，还是产品研发、市场公关等都必须围绕这一核心进行，而采用信息化供应链的协同管理，目的无非是增强企业的业务能力，进而提升盈利能力。

供应链的上游企业制订计划以后，立即将计划通知中下游企业，使得整个供应链都能围绕同一个业务展开工作，并且在工作的过程中员工可以积极配合，确保业务的有效开展。如何在原有的框架内完成任务，反映了一个供应链组织的业务能力，也是企业成长和发展潜力的重要决定因素。

**战略协同管理：为企业赢得利益的原则和规范**

比业务协同管理更高一层的是战略协同，它涉及企业的战略合作层面，关乎核心问题的合作与协调。它要求企业和供应商在制定战略时，就进行充分的交流，了解对方的利益点以及对方的发展规划，并且在一个共同的目标下商讨战略问题。实行战略协同管理的目的是，在统一的战略意图下，充分调动供应链成员的力量，使之密切配合，以便在市场竞争中形成合力，占据优势。

供应链上的合作伙伴在制定战略时，应当以上游企业的年度计划为参考，制定未来的发展目标，因为中下游企业的发展必定会受到上游企业的影响。此外，企业内部也应当进行战略协同管理，研发部、生产部、营销部、品质部、人力资源部等各部门都应当参与进来，让各部门的战略具有适配性，能够协调一致。

**文化协同管理：使供应链无缝衔接的价值观念**

有人认为，商业的最高境界不是做产品，而是做文化，因为做产品只能影响当时使用产品的少数人，文化的影响却能持续几十年甚至上百年。对于供应

链管理，这个道理同样适用。文化协同管理是供应链协同管理的最高等级，它能影响员工看待问题的方式，更容易使员工为了共同利益而奋斗。

企业文化是在发展的过程中形成的，它深刻地影响着企业方方面面的事务，具有独特性和稳定性。要让两家企业在文化层面互相协调、互相融合，就需要企业吸收合作伙伴的优秀文化，同时又要保持自身文化的独立性，这些都不是很容易做到的。因此文化协同管理不是一蹴而就的。供应链企业之间应当积极开展培训，学习对方的企业文化，并且加强交流，让员工了解对方的一些基本认知方式。

**拓展阅读**

### 美团：打造战略协同的餐饮供应链

美团的业务分布广泛，涉及餐饮、住宿、出行、娱乐等多个领域，还在2018年3月收购了摩拜。外界常常用"无边界"来形容美团的业务布局。然而仔细分析之后，我们就会发现餐饮仍然是美团的核心领域，并由此产生了一条协同式的餐饮供应链。

在国内，美团是少数几个积极探索新型企业结构的集团，在战略协同方面也有自己的探索。美团的两大撒手锏是到店和到家，针对B端商户，美团提供了便捷的送货服务；针对C端商户，则有小象生鲜、闪送等零售业务。2018年10月，美团进行了上市后的首次架构调整，原本的大零售事业群被拆分成几块：到家事业群、快驴事业部、小象事业部。显然，美团有意推进公司内部各部门在战略上的协同。

通过对美团的战略布局进行分析，我们不难发现，美团是想借助餐饮这个基本盘，以外卖、到店业务作为突破口，发挥"高频带低频"的协同效应，带动其他业务的发展。要知道餐饮市场的规模是极其庞大的，每个人都离不开

## 第八章 各环节协同管理，弥补供应链的短板

它，而且每天都要接触它，如果美团能够将这部分高质量的用户引流到其他业务上，就很容易实现对消费场景的全面覆盖。

**专家提醒**

供应链协同管理的概念已经被提出很多年了，但是真正想要落到实处没那么容易。现在国内大多数企业还处于摸索阶段。因此在开展供应链协同工作时，需要企业充分分析自身的现状，立足实际，选择最适合自己的方式。

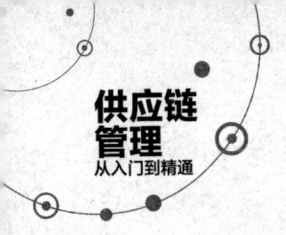

# 以集成模式促进供应链协同发展

在传统的管理模式下,我们会发现供应链经常出现问题,要么是企业和企业之间互不信任,要么是企业内部的部门之间互相斗争,这些都会降低企业的竞争力。要想成功地实施供应链管理,使供应链管理真正成为有竞争力的武器,就应该深入剖析这些现象,对传统的管理思想进行改造,把供应链上的各个部分看作一个整体,形成集成化的供应链管理体系。

### 集成管理是供应链管理的最高层次

供应链管理,管的其实是供应链的三股支流:产品流、信息流和资金流。如果能够对这三股支流做到无缝管理,那么很多难题就可以迎刃而解了。集成管理通过打造供应链一体化信息平台,将供应链的三股支流组织在一起,实现协同管理,不仅能缩短供应链生产周期,还能提高质量安全体系的追溯能力,以及降低生产经营和交易成本,并为智能数据和跨界资源整合打开接口。

但现实是,我们离这种境界还很远,不管是新闻里的世界500强,还是街边的小卖部,对供应链的管理都存在问题,只是问题或大或小的区别。因为每个人都有各自的利益诉求,不同的利益诉求会驱使人们做出不同的选择,"同心同德"只是宣传口号。

那么,究竟如何以集成模式促进供应链协同发展呢?这里要解决两个问题：一个是优化人与人之间的关系，让人们愿意紧密配合，朝着共同的方向前进，而不是各怀心事和打算；另一个则是优化做事的方法，从技术层面改进管理。

不管是优化人与人之间的关系，还是优化做事的方法，从根本上讲，都是在促进公司与公司、部门与部门、员工与员工之间的协作。从这一点来看，集成管理必须得从公司内部做起。如果一个公司没法解决部门与部门、员工与员工之间的集成，就很难实现公司与公司之间的集成管理。

**供应链集成为何如此困难**

供应链集成的益处无须赘言，但真正能够实现集成管理的企业寥寥无几，那么究竟是什么原因阻碍了供应链的集成呢？

其中一个重要原因是短视的供应链战略，很多企业不重视培养长期供应关系，自然无法建立稳固的供应链。我们知道，对于产品制造而言，最好能够由专门的供应商制造，即每一个零部件只由一个或者两个供应商生产，这就是所谓的"一品一点"和"一品两点"。但是很多企业出于利益上的考虑，总是频繁变更供应商，今天和这家供应商合作，明天又把订单交给那家供应商，最后只能形成"一品多点"式的供应关系。

"一品多点"确实能够对供应商制造竞争压力，取得最理想的价格。但它也会给供应链管理造成负面影响，使得供应商不敢相信企业，因此无法确保供应。而且供应商越多，设计变更的影响就越大，所以企业不得不把更多精力用在处理设计变更上，相应地，用在新产品设计上的时间减少，导致以后的设计变更更多，陷入恶性循环，最终造成质量问题。

这种战略上的短视行为，迟早会导致企业和供应商的互不信任，而离开了信任，供应链集成就是一句不可能实现的空话了。

**拓展阅读**

### 华为导入IBM的集成供应链

1998年，华为公司针对自身的供应链进行了一次大规模整合，当时华为的管理能力跟不上业务规模发展的速度，导致许多订单交付不及时，产能和采购也难以匹配，甚至出现发错货的情况。为此，华为主动与IBM公司合作，启动了"IT策略与规划"项目，开始规划未来3~5年的业务变革和IT项目，其中包括集成产品开发、集成供应链、IT系统重整、财务四统一等八个项目，而集成产品开发、集成供应链是重中之重。

IBM的专家组对华为进行实地考察和研究之后，认为华为的供应链管理还存在很大的提升空间。华为的核心竞争力在于技术和市场，应当牢牢把握核心竞争力，至于其他的非核心部分，完全可以外包出去。

华为专门成立了供应链改革小组，小组组长由公司的一位副总裁担任，其任务是组织优化工作。通过优化，华为保留了两项核心业务，即市场和研发，成为一个真正没有生产车间，也没有库存的集成供应链管理典范。在本土企业中，华为是供应链管理方面的佼佼者。

**专家提醒**

集成管理就是通过对供应链各环节的重新设计、规划和控制，来优化产品流、信息流和资金流，保证在规定的时间内保质保量地完成计划产出，从而降低成本。

## 名企案例 晶链通：整合餐饮供应链，实现协同管控

在互联网高速发展的今天，很多行业试图开展供应链协同工作，以便能够在未来抓住机遇，成为时代的弄潮儿。供应链协同管理突破了传统管理模式的组织界限，主要价值在于创新供应链商业模式，优化供应链流程，共享供应链信息，最终实现竞争优势，保持核心竞争力。在餐饮行业里，同样可以实现这些优势。

**餐饮行业与晶链通云平台的结合**

借助现代技术的高速发展，很多行业的供应链都发生了变化，从而产生了一些相关的高科技企业。比如，过去人们只能去实体店购物，但是，在亚马逊、淘宝为代表的电子商务平台出现以后，人们只需要坐在家里，就能轻松下单，静静地等待商品从千里之外送到手中。

然而，目前的电子商务平台不可能满足所有需求，我们虽然可以从网上买到美国生产的咖啡，但是不可能买一份美国大厨烹饪的牛排，即便牛排送到手中，恐怕也早就不能食用了。因此餐饮行业注定不能和制造业一样使用同样的购物网站，它们必须拥有适合自己的供应链管理模式。

晶链通就是这样一家公司。晶链通是一家综合后勤服务公司，是基于互联网及物联网技术搭建的智慧温控供应链云平台，主要从事供应链服务行业，为

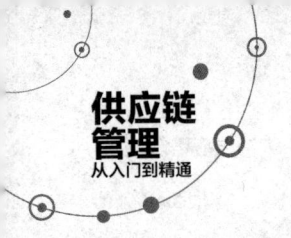

用户提供更具智能化的物流和供应链服务。

晶链通的供应链管理服务,主要是通过云平台进行的,借助手机APP,实现了库存及运输可视化,人们可以从订单全程跟踪追溯。云平台提供从需求预测、智能补仓到采销、物流、对账协同等全方位服务,并且建立异常自动预警系统。晶链通实现了连锁餐饮企业从源头到餐桌的无缝对接,从而提升了管理效率,节约了成本。

**晶链通实现餐饮供应链的高效协同管理**

晶链通的服务对象主要是连锁餐饮品牌,即为它们建立一套成熟的供应链管理系统。借助晶链通云平台,客户可以实现中央库存及智能集采,满足上游原料采购的仓储运输需求;运输过程中,平台可通过反馈车辆轨迹、温湿度来协助用户实现运输全程透明。而在供应链的整合方面,用户也可以通过该平台的系统分析,实现采销环节的智能管理。

晶链通的供应链协同管理主要分为三个部分:采销协同、物流协同和对账协同。

1. 采销协同

很多人总是有这样一种错觉:他们认为采购与销售毫不相干。但实际上采购与销售在供应链系统中息息相关。采购是企业盈利的前提,销售则是企业盈利的驱动。晶链通为客户与源头供应商建立联系,每家餐厅、门店通过邮件的方式将订单发给货主订单员,再由订单员汇总,与仓库进行库存核对并确认订单满足率。

2. 物流协同

晶链通把物流做到了透明化、可控化,为客户提供与供应商、收货人的协同管理。由平台安排运输,能够监控订单的执行情况、车辆在途位置以及车辆的温湿度等信息。

3. 对账协同

目前大多数餐饮企业的订单，都是通过人工对账核算的。相比之下，晶链通为客户提供自动计费、在线对账、电子发票等服务，快捷高效，减少了人工操作出错的可能性。

**拓展阅读**

互联网时代的餐饮供应链发展趋势

俗话说"民以食为天"，餐饮行业在社会经济中的地位非常重要，与餐饮行业相关的供应链也有非常庞大的规模。进入互联网时代以后，餐饮行业的供应链发展也进入了一个新的阶段，几乎完成了彻底的重组。

从目前的情况来看，面向餐饮行业的供应链管理平台，已经能够对餐饮行业的上下游企业进行协同管理，未来可能会朝着现代化农业、冷链物流、第三方中央厨房、餐饮技术服务、餐饮大数据应用服务为一体的方向发展，最终成为综合性的供应链服务平台。

或许，未来我们去餐馆吃饭时，甚至可以知道碗里的番茄是在哪块田地里栽种的。那时餐饮的生产链和供应链会结合在一起，从上游的种植，到下游的加工，整个环节都可以实现信息化。对餐饮供应链的整合，或许能够轻而易举地解决食品安全问题，因为在这样的供应链系统下，人们随时随地都可以对供应链进行监督，并且能追溯到每一个环节和源头。

**专家提醒**

餐饮供应链的协同管理把供应商和餐饮商从博弈关系变成合作伙伴关系,未来它们可以在统一的信息化管理系统里寻找更好的成长之道。

# 第九章

# 控制管理系统，供应链体系升级换代

在现实生活中，供应链的规模通常非常庞大，只有借助信息技术，才能实现协同管理。在长期的发展过程中，人们逐渐建立了多种管理系统，它们分别从不同的方面帮助企业提升管理水平。建立了管理系统之后，企业还要持续地优化业务流程，方能实现供应链体系的升级换代，防止被市场淘汰出局。

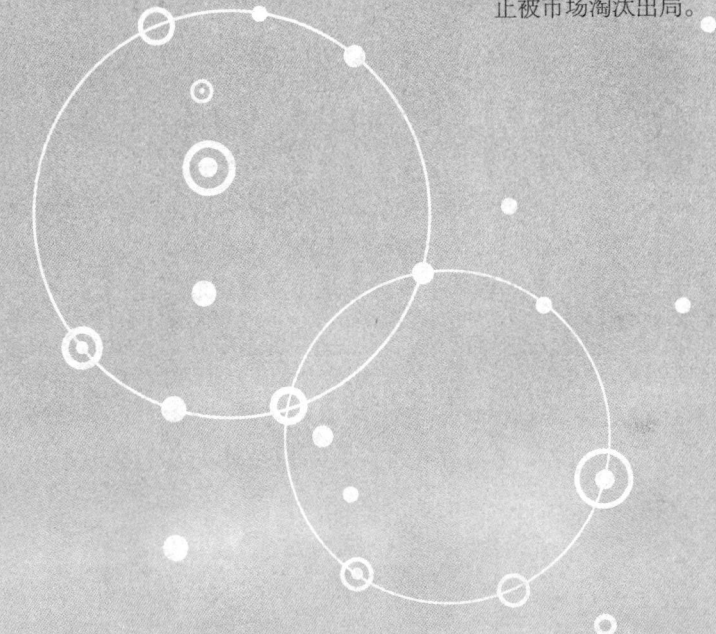

# 供应链管理系统助力协同化管理

一条运作良好的供应链，背后必定有一套成熟的供应链管理系统（Supply Chain Management，SCM）。这个系统将供应链中的供应商、制造商、代理分销商、物流服务商、零售商以及终端客户等串联起来，按照预定的模式运转，如此方能发挥战斗力。在实际操作中，供应链管理系统往往离不开电子信息技术，因此供应链管理系统应当建立在与电子商务协同的基础上。

**供应链管理系统保证了企业的战斗能力**

供应链管理系统，是一种维护供应链运转，保证供应链战斗能力的管理模式。它的出现，建立在供应链协同管理的思想之上，配合供应链中各实体的业务需求，将操作流程和信息系统紧密配合，使得供应链的各个环节无缝衔接。借助供应链管理系统，能够实现整体供应链可视化，管理信息化，整体利益最大化，并且尽可能地降低管理成本，从而提高总体水平。

我们知道，供应链的集成非常复杂，它要面对的第一个挑战就是系统整合，也就是建立一套行之有效的供应链管理系统。这个系统中的每个部分，都会涉及很多业务，由此会产生庞大的数据量。供应链管理系统是由大量的跨系统信息、数据、指令和运算组成的，这些系统包括电子商务网站、采购系统、生产系统、物流系统等。它们之间可能存在冲突，所以要想把它们整合在一

## 第九章 控制管理系统，供应链体系升级换代

起，需要一定的耐心。另外，企业的需求复杂多变，因此供应链是一个不断发生变化的动态系统，这就要求供应链管理系统具有灵活性，能够针对现实的变化，及时地进行调整。

供应链管理的最高境界是，建设集成供应链体系，将企业内外的供应链有机地结合起来。因此，在建设供应链信息系统的时候，不能局限在企业内部某些具体的业务环节，必须首先从企业运营的整体视角出发设计一个整体解决架构，从而保证整条供应链的顺畅运转。

**建立基于信息技术的协同供应链管理系统**

在当今世界，企业需要面对的是来自整个世界的海量信息。在这种情况下，只有依托以网络和数据库为核心的信息系统，才能保证信息的完整性、精确性和及时性。因此目前的供应链管理系统大多建立在信息技术的基础上，能够有效改善供应链的动态特性，便于企业对相应波动做出及时有效的反应。

基于信息技术的供应链，是一种在协同电子商务理论的指导下，为了适应信息化变革，实现供应链管理集成化、信息化的手段。

通过对信息技术的使用，信息在供应链各节点的传递，由原来的线形结构变为网状结构，供应链整体实现了信息实时共享，消除了信息延迟。通常情况下，供应链管理流程之所以难于进行，其中一个非常重要的原因就是信息方面出现了失误，导致人们对形势做出了误判，而这会对公司造成不良影响。久而久之，人们就更倾向于自行其是，而对合作伙伴持怀疑态度，这大大提高了供应链的管理难度。

综上所述，基于信息技术的供应链管理是一种崭新的管理模式，它弥补了传统供应链管理在信息方面的不足，能够集成整个供应链，充分利用外部资

源，实现快速敏捷反应，极大地降低了库存水平。

**拓展阅读**

### 赛斯纳的一体化供应链管理系统

赛斯纳飞行器公司（Cessna）是一家位于美国堪萨斯州的飞机制造商，公司主要制造小型通用飞机。

早在多年以前，赛斯纳公司就已经着手打造供应链管理一体化，然而在供应链管理系统上一直没有取得长足的进步。后来，公司与许多供应商的关系变得十分紧张，工作效率也大大降低，严重拖累了公司的发展。为此，赛斯纳公司决定在供应链管理系统上进行优化，使之能增强在质量管理及维护客户关系等方面的竞争力。该公司的策略是：将公司的物料部门变革成贯穿全公司的供应链系统。

这项任务落到了迈克尔·卡佐克身上，他是赛斯纳公司的高级副总裁，同时也是供应链管理部的负责人。在他的领导下，赛斯纳公司的供应链管理机构制订了一项长期战略计划，跨部门的团队也组织了起来，他们开始对公司的供应链系统进行合理化分析。他们还启用一种叫作"成熟路径开发"的工具，用它来协调供应商和赛斯纳公司的战略。

在卡佐克和团队的努力下，赛斯纳公司成功地建立起以供应链管理一体化为特色的管理系统，打造出一条管理严密的供应链流程。对此，卡佐克发表了自己的看法："当我们谈及供应链时，我们要让公司里的每一个人都知道这个流程对公司是多么重要。"

## 第九章 控制管理系统,供应链体系升级换代

> **专家提醒**
>
> 基于信息技术的供应链管理建立的是跨企业的协同合作,可以覆盖需求预测、物料采购、产品设计、生产、销售和服务等供应链全过程。

# 供应链运作参考模型推动供应链改善

在管理学界,供应链运作参考模型(Supply Chain Operational Reference-mode,SCOR)是一套流传甚广的供应链专用管理模型,它是第一个标准的参考模型。理论上来说,它可以涵盖所有行业。借助SCOR管理模型,企业可以把繁杂的供应链问题可视化,摆到桌面上来谈,而不是毫无头绪地胡乱分析。这样做更容易确定改进的目标,并影响今后供应链管理软件的开发。

**标准的供应链模型——SCOR模型**

在供应链行业,SCOR模型最初发布于1996年,是由国际供应链协会开发支持,适合于不同工业领域的供应链运作参考模型。

SCOR模型把供应链分成了三个区域:第一个区域是企业区,其中的流程主要是企业日常涉及的业务,主要包括采购、生产、配送三个业务,另外还有客户向企业申请的退货,以及企业向供应商发起的退货;第二个区域是供应商区,它们同样有采购、生产、配送、退货业务;第三个区域是客户区,以及客户的客户,业务关系与供应商比较相似。

仔细观察SCOR模型,会发现它把整个供应链划分成了几个模块。SCOR模型用模块思维解决问题,在这个模型中,可以找到供应链上的任何一个环节,以及每个环节中的任何一项业务。这样可以很规范地管理和改进子公司和

## 第九章 控制管理系统，供应链体系升级换代

工厂的供应链运作，这也是高层战略制定者更适合学习和应用SCOR模型的原因。

### SCOR模型的五大基本功能

每个SCOR模型，都包含了五个基本功能，从上图中我们就可以看到，这五个基本功能分别是：计划（Plan）、采购（Source）、生产（Make）、配送（Deliver）和退货（Return）。

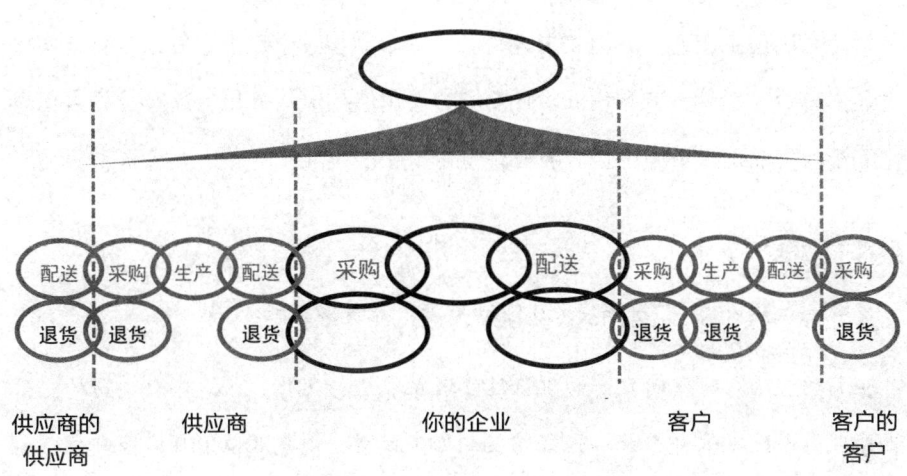

图9-1 SCOR模型

每一个SCOR模型，都是建立在这五大基本功能之上的。它们是企业运营

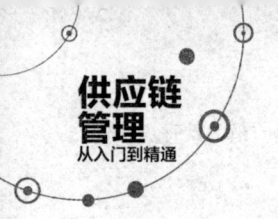

的基本业务，也是奠定SCOR模型的基石。这其实说明了一个道理，那就是用SCOR模型分析供应链时，必须从企业的实际业务着手，不遗漏任何死角。

这五大功能基本涵盖了企业运营的方方面面，首先制订计划，然后着手进行采购，接着供应商开始生产，再把做好的成品配送到指定的位置，出售给客户。假如客户不满意，还要走退货的流程。

SCOR通过流程图把战略目标分解成一个个具体的步骤，为供应链的运作提供一个检测效果的标准和工具。但是它的缺点也很明显，其中最为人诟病的，便是它太过于繁杂，人们往往会因为过于复杂的数据计算而出现错误，使分析结果出现重大偏差。简单来说，就是这个模型过于庞大、复杂，会让实施者迷失重点。另外，要想使SCOR模型的运用达到最佳效果，就必须结合信息化的手段，而这对于中小企业而言，是个不小的挑战。

**拓展阅读**

### 运用SCOR模型改进软件管理系统

某物流公司希望对目前的供应链管理系统进行优化，于是命令公司的一位张经理着手改善软件系统。张经理接到任务以后，决定用SCOR模型分析当前的供应链系统。

他组建了一个工作小组，专门负责这项工作。通过对公司当前业务的分析，他们发现目前公司的流转模型是这样的：各个网点收集到需要寄送的快递，然后由物流公司集中收取，再统一发出，配送至各地。到了具体的城市以后，再分配到城市里的各个网点，然后配送到消费者手中。从业务流程上来说，"收集—分拨—派送"基本涵盖了网络型物流公司的所有流程。

将这些流程引进SCOR模型以后，他们得以掌握物流系统的方方面面的内容。比如，仅仅在客户下单这一个方面，就可以分为微信下单、支付宝下单、

## 第九章 控制管理系统,供应链体系升级换代

电话下单、网页客户端下单等。在对软件管理系统的功能点罗列完毕之后,他们将功能点记录并进行分类,分为必需的基础功能和非必需的增值功能,并且确定优先级顺序。基础功能类优先开发,保证业务能够正常开展,而增值功能则能提升用户体验。

与此同时,他们还对原有的软件系统中不合理的部分进行了修改,确保其能够符合当前的市场形势,以及更加贴近现代人的心理习惯和使用习惯。

　　建立SCOR模型的目的,是为制造业企业的供应链运作提供参考模型。值得注意的是,SCOR模型不是软件指南,而是业务流程指南。

# 企业资源计划系统综合管理每一个细节

企业资源计划系统（Enterprise Resource Planning，ERP）是很多公司进行企业管理的必备工具，尤其是在规模较大的企业中。ERP系统包含多个模块，从企业的产品设计，到原料采购、成品生产，再到库存管理，它几乎将企业管理的方方面面都囊括了进去。它对改善企业业务流程、提高企业核心竞争力具有显著作用。

**ERP系统对企业管理的四大提升作用**

系统是一种广泛使用的企业管理系统。它将企业所有资源进行整合集成管理，简单地说，是将企业的产品流、信息流、资金流整合在一起，进行一体化管理。它不仅可用于生产企业的管理，而且在许多其他类型的企业，如一些公益事业的企业也可以用ERP系统进行管理。

ERP系统对企业管理的提升作用，主要是通过这样几个方面实现的。

1. 帮助企业适应市场，及时调整策略

企业都想生产出符合市场需求的产品，但是由于生产能力和其他资源的限制，企业往往处于被动状态。即便企业家发现市场的变化，也不一定能够及时调整策略。而ERP系统则能帮助管理者提升对企业的控制能力，使得生产计划和市场需求相匹配。

## 2. 优化企业的内部运转，从而提升供应链水平

使用ERP系统，能够对企业管理的方方面面形成监督，使管理者时时刻刻都能掌握企业的实际情况，进而提升企业的生产效率。假如供应链上的各个企业都能使用ERP系统管理业务，那么一定能对供应链整体的运作效率产生积极影响。

## 3. 解决物料短缺和库存积压之间的矛盾

企业管理中往往存在着这样一种矛盾的现象：一方面企业需要的物料迟迟不能补充，另一方面需要出货的产品却一直积压在仓库中，这会给企业的资金链带来巨大的压力。ERP系统就是为解决这样的问题发展起来的，ERP系统的核心部分是物资需求计划（Material Requirement Planning，MRP），是专门用来模拟制造企业中物料计划与控制的。

## 4. 提高产品质量，降低产品成本

ERP系统能够对企业运行的各个环节进行监督和管理，使员工能够有条不紊地开展工作，而不需要面对接连出现的意外状况，这必然会提高产品质量，降低产品成本。

### ERP系统和SCM系统的分别

说到这里，很多读者都会产生一个疑问：ERP和SCM都是企业管理系统，究竟有什么区别呢？

## 1. SCM系统的理论模型比ERP系统更先进

ERP系统问世的时间比SCM系统更早，因此在很多方面尚不成熟。SCM系统采用了多种数学解析的优化模型和规则，综合考虑了物料、设备、人员、场所、时间和技术等各方面因素，可以对不同的目标进行优化。相比之下，ERP系统的理论模型就显得比较简单了，很难模拟现今复杂多变的业务

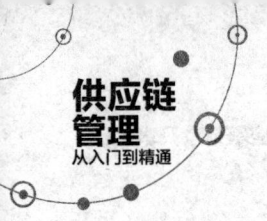

过程。

2. SCM系统的管理范围比ERP系统更广泛

ERP系统主要是用来解决企业内部管理问题的，因此管理范围有限，只能对企业内部资源进行管理，不具备协调多个企业间资源的能力。SCM系统则面向整个供应链，能够满足供应链横向一体化运作的要求，有效整合外部资源，实现协同运作和供应链整体价值的最大化。

综上所述，ERP系统是针对一家企业的管理软件，而SCM系统针对的是整个供应链。在企业管理上，ERP系统绝对是佼佼者，然而SCM系统能为整个供应链提供更好的管理手段，实现供应链上的共赢。因此全球500强企业在使用ERP系统若干年后，又纷纷引入了SCM系统。

### 拓展阅读

#### 傲鹏ERP系统解决中兴的物料管理难题

傲鹏ERP系统是一款由国内公司开发的企业管理系统，傲鹏在企业管理软件研发领域拥有多年经验，曾为众多国内外知名企业提供服务，其中包括中兴、德赛、神舟、赛格、英威腾、科士达等。

当时，中兴移动的产品换代周期短，不断推出新产品，这就导致物料种类繁多。这给供应链管理带来了困难。

傲鹏公司项目组了解到这个问题以后，首先承认了问题的客观性，承认中兴对物料的控制系统非常复杂。接着根据实际情况，提出了自己的优化方案。其把控制阶段分为四个阶段，即研发阶段、小批量试产阶段、中试阶段、量产阶段，分别对不同阶段的采购限额进行控制，方案完全通过后，再进行量产，从而实现了物料的分级管理。

在实施ERP项目过程中，中兴公司在库存管理、销售管理、物料采购、生

第九章 控制管理系统，供应链体系升级换代

产管理等方面都取得了显著的成效，使成本大大降低，同时实现了财务对各个部门数据的监管。各部门的数据准确率也从原本的85%提升至97%。

在企业的管理系统中，ERP系统被人们广泛使用在各行各业。通过ERP软件系统，人们可以将企业管理的各个环节纳入管理，从而助力供应链管理。

# 自动化的仓库管理系统

物流是供应链的重要组成部分，而仓库管理直接影响物流的效率。仓库管理系统（Warehouse Management System，WMS）正是一款用于管理仓库的软件，它主要分为五个功能区，分别是入库业务、出库业务、仓库调拨、库存调拨和虚仓管理。通过运用WMS系统，企业可以有效控制并跟踪仓库业务的物流和成本管理全过程，实现或完善企业仓储信息管理。

## WMS系统实现自动化仓库管理

WMS系统和ERP系统一样，属于企业管理系统，只是WMS系统侧重于仓库内部的管理，而ERP系统中的仓储管理模块一般和财务系统连接起来使用，主要用于核算企业的物料成本及库存情况。

WMS系统具有自动化的特点，通过WMS系统，企业可充分掌握仓库中的情况，从而大幅提升物流供应链的管理效率。WMS系统运用了现代数据仓库技术，这为它的功能提供了有力的保障。通过WMS系统随时找到商品存放的位置、存放的数量、仓库的空间使用情况，根据储位的使用规则和商品的库存分布，安排商品入库、出库、动态盘点等。

另外，借助WMS系统，企业可以实现强大的订单处理能力，以及极快的出货能力。尤其是当数以万计的货物堆放在仓库里时，就更加考验企业的管理水平了，因为任何一点差错，都有可能降低整个供应链的效率。将WMS系统和先进的自动化物流设备结合起来，如自流水线、自动分拣机、电脑辅助拣货系统（CAPS）、动态称重设备等，能够实现仓库管理的自动化，并且将出货的速度和效率提升至最高水平。

**WMS系统对仓库管理的四点优化**

应用WMS系统，可以使仓库管理实现信息化、自动化，从而大幅提升管理效率，因此WMS系统已经普遍应用于制造业、分销业及公共仓库业务中。在制造业方面，WMS系统整合了仓库的作业技术，使库存成为流水线的一个流动环节，也使得仓库管理在整个供应链管理中的失误率降至最低，给用户带来了巨大效益。

具体而言，WMS系统对仓库管理的优化，主要表现为以下四个方面。

1. WMS系统减少了不必要的资源浪费

对于仓储行业而言，时间是最珍贵的资源，提升效率就意味着减少成本。借助WMS系统，企业可以大幅提升仓储转运效率，从而减少那些得不到有效利用而造成的资源浪费的库存。另外，WMS系统还可以对人员进行有效的绩效管理，有责必究，减少人力成本浪费。

2. 使账目与实物相符

现在很多企业已经在WMS系统中引入了先进的管理设备，可以实现自动采集数据、无线射频识别、条形码管理等，对实物进行信息化管理，减少因错误的作业或配送所引起的数据不符。

3. 使得货物的追溯更加便捷

WMS系统将每个批次的货物全部记录在案，从而实现了有效管理，这能够解决市场上频频出现的串货、假货等问题。如果某批次的不良品进入或流出

仓库，管理人员也可以通过查询批次信息对其实现精准把控。

**4. 从各方面入手，降低总成本**

WMS系统降低仓库管理成本的作用主要体现在如下三个方面。第一，提高仓库信息化程度、整体仓储物流管理水平和仓储人员素质，并且形成标准作业规范，降低人员流动成本；第二，降低因信息流和物流无法统一而产生的额外的仓储成本；第三，手持设备和自动化设备的大量使用，能提升现场作业效率与准确率。

**拓展阅读**

雅鹿引入WMS系统，实现智能仓储

雅鹿集团的主营业务是服装生意，而雅鹿男装则是其中一个品牌。雅鹿最初的战略构想是建设新品类、新消费的男装概念，打造新男装主义，致力于成为具备高性价比的男装品牌行业专家。但是在发展的过程中，仓储系统并未得到有效建设，一直保持着传统的管理模式。随着业务量的急速增长，雅鹿的仓储管理一度陷入混乱之中。高层领导意识到，仓储系统作为服装供应链的重要保障，必须做出升级和改变，建设起一个智能仓储系统，才能支撑雅鹿的发展之路。

雅鹿男装与讯商科技股份有限公司签订协议，由讯商为雅鹿提供WMS系统建设服务。讯商首先对仓库货品进行库位优化，对服装进行分类，并且划分区域，这为后期的查询和拣货奠定了基础。而在拣货系统方面，讯商提供了多种拣货方式，以满足雅鹿的多种需求。并根据订单特点提供最佳拣货路径，进而缩短了拣货时间，使拣货、出货效率大大提升。

引入WMS系统不到半年时间，雅鹿男装的仓储系统就焕然一新，与之前

第九章 控制管理系统,供应链体系升级换代

管理模式对比优势明显,使仓库管理状态从"放养式"变为信息化管理模式,在智能仓储的道路上迈出了重要一步。

WMS系统对货物的储位有着清晰而明确的规划和管理,这使得物流中心商品的实物管理变得准确且简单。

# 准时生产制模式：零库存、无浪费的供应模式

准时生产模式，即JIT模式最早由丰田提出，后来成为世界很多大型企业的学习对象，如通用电气公司、福特公司、克莱斯勒公司等，它们在学习JIT模式的基础上，建立了属于自己的管理系统。对于广大中小企业来说，JIT模式同样值得学习。

### 零库存、无浪费是JIT模式的最终目标

JIT模式的核心可以用"零库存、无浪费"六个字来概括，它的出现主要是为了解决生产过程中的浪费问题，试图不断减少库存积压带来的额外成本。JIT模式与传统的供应链管理模式有着较大的区别，传统的供应链管理模式是"大批量生产+备货"，而JIT模式的典型特征则是"小批量+高频率配送"，它所追求的是实现长期战略合作伙伴，实现零库存。

在传统管理模式下，企业经常面临两个挑战：消费需求的随机性和供应链变化带来的不稳定性。假如整个供应链运作稳定，并且各个节点衔接顺畅，那么也就没有必要建立原材料库存以及成品库存了，这样便可以节省一大笔成本支出。JIT模式的出现，正是为了解决这两个难题。假如企业把商品售卖给消费者之前，已经知道他们需求的数量，那么这样不仅能满足消费者的需求，而且能避免超额生产。

很少有企业能够真正做到"零库存、无浪费",因为精准预测顾客的需求,几乎是一件不可能完成的任务,因此企业大多将管理的重心放在调整所需原料的供应系统上。也就是说,企业虽然不能保证对市场需求预测的绝对正确,但是可以精准控制生产过程中的物料和零件,从而将物料库存降至最低限度。

### 优势与挑战并存的JIT模式

对于供应链管理而言,JIT模式具备一定的优势,但是也对企业提出了挑战,它的实施过程不可能一帆风顺。

就优势方面而言,实施JIT模式可以帮助企业及时获得所需的信息,能够更好地对供应链做出调整和规划。如果供应商能够成功实施JIT模式,则这种优势将逐渐扩大。通过这种管理模式,企业可以将成本降至最低。同时,企业生产的质量也能够得到保证,企业与供应商经常就质量问题进行沟通,从而对产品和工艺做出改进,这对双方都是非常有利的。

但是与此同时,JIT模式也有其准入门槛,并由此带来很多挑战。首先,企业的硬件设施必须过硬,必须具备完善的信息系统,以便应对随时到来的订货信息和客户需求,否则会反受其害。其次,处于中下游的中小企业会承担较高的风险,上游企业或许会把它们的要求强加给中小企业,使得中小企业承担极高的风险。

> **拓展阅读**

#### JIT助力嘉陵集团实现"六零"管理

嘉陵集团是一家国家级大型企业集团,主要产业为摩托车及其发动机、特种装备、光学光电、汽车摩托车零部件的制造。嘉陵公司也曾和众多中国企业一样,经历过订单大批量增长、市场供不应求的阶段,然而随着众多厂商纷

投入市场，摩托车的品种和式样越来越多，竞争越来越激烈，嘉陵摩托也积压了很多的库存。为此，嘉陵公司通过实行JIT模式，获得了良好的效果。

当时嘉陵公司提出的管理目标可以概括为"六零"，即产品质量"零缺陷"、作业手段"零故障"、物资周转"零库存"、员工行为"零差错"、降低成本"零浪费"、现场管理"零松弛"等。通过对"六零"目标的追求，整个企业向着更高的效率迈进，最终形成最科学、完善的管理体系。

根据JIT生产管理的思维和原理，嘉陵公司总结出了一系列推行JIT生产的有力措施。首先，多品种作业，形成"多品种、小批量、转产快"的战略格局，以应对市场竞争的压力。这样就提高了企业对市场的适应能力，能够尽快地满足用户的需求。其次，推行"准时制生产"，促进延工、误时等现象的逐步减少，直至实现准时化。

一段时间之后，JIT管理模式为嘉陵公司带来了可观的成果，销售业绩比过去有了明显的改观，增强了企业对市场需求变化的适应能力，重新赢得了市场销售份额。

**专家提醒**

为了降低JIT管理模式带来的不确定性，供应链的上下游企业之间应当实行信息共享，这样才能及时调整供应链系统，并使JIT系统更加先进和成熟。

# 供应商管理库存模式：由供应商负责库存管理工作

供应商管理库存（Vendor Managed Inventory，VMI）模式是一种特殊的库存管理模式，它的根本目的是降低仓储成本。由供应商管理库存，并不断监督协议的执行，使库存始终能够得到良好的管理。

**VMI模式是一种双赢的管理模式**

对于企业来说，库存管理的压力始终是悬在头上的一把达摩克利斯之剑。而VMI模式的主要特征是，企业把供应商制造的产品放在仓库里，企业每使用一件产品，就对供应商付出一份资金。也就是说，在使用之前，企业是不会向供应商付款的，这样一来库存的压力就转移到了供应商身上。

通过VMI模式，企业把库存管理的压力转移给了供应商，由供应商负责计划、补货和维持库存水平。然而从总体上讲，VMI模式仍然是个双赢的措施。对于企业，实施VMI模式有很多优点。首先，企业可以节省库存的成本；其次，能够促使供应商进行更有效的管理，进一步降低总成本。对于供应商而言，VMI模式也有一定的好处，供应商也能根据企业提供的数据，对企业的需求做出预测，从而保持安全库存量。

从供应链的角度来看，VMI简化了供应链的程序，从而减轻了供应链的不稳定性。借助VMI模式，企业和供应商能够提高对库存的掌控力度，把原来的

多个订单整合成一个订单,大大简化了信息流和资金流,降低了交易成本。

**实施VMI模式需慎重考虑**

尽管VMI模式有诸多好处,但是在现实生活中,VMI模式仍然有很多风险,必须慎重考虑。VMI模式对企业供应商和第三方物流服务商的服务能力提出了更高的要求,并需要多方参与者之间进行长时间的磨合,许多VMI项目的失败都是在磨合期间出现的问题。有的企业为了减轻自身的压力,不管什么样的供应商,都拉进来做VMI,结果供应商不能控制库存,造成了严重的积压。

VMI模式把库存的压力转移给了供应商,这就对供应商提出了新的要求,它们必须把库存维持在合理的范围内。当需求量较高或较稳定时,VMI模式不失为一种运转良好的模式,因为它简化了围绕订单的一系列操作流程(如买卖双方不需频繁下单、跟单、催单、收货、付费),供应商的库存周转率也可以得到改善;但当需求波动较大或需求量较低时,容易导致这样的情况:要么库存水平频频低于下限甚至为零而影响客户,要么库存积压,影响供应商的库存周转率。

那么,在实施VMI模式时,企业应当考虑哪些方面的问题呢?

1. 选择合适的供应商伙伴

VMI模式要求供应商有管理库存的能力,还要有承担风险的能力。企业在选择供应商的时候应该设定一条红线,如供应商每年的采购金额。假如供应商不达标,说明风险很大,就不要选择他们来做VMI。

2. 选择专业的物流服务供应商

VMI模式对物流服务商也有要求,企业要选择可靠、专业的物流商,通过规模效应来降低物流成本。物流服务供应商还可以为客户提供一些增值服务,如入库检验、更换产品包装、更换入厂标签和回收空箱等。

3. 设定合理的库存空间

VMI仓库需要设定一个合理的库存目标，数值既不能过高，也不能过低。库存的底线是必须保证生产不会中断，而库存的最高值不能超过VMI仓库的存储能力，同时还要考虑成本，毕竟库存越高，成本越高。

### 拓展阅读

#### 美的公司用VMI模式控制供应链前端

美的公司的主要业务是家电制造，其凭借优秀的供应链管理能力，成功跻身全球白色家电制造商前五名，成为中国最有价值的家电品牌之一。在供应链管理方面，美的公司采取了VMI模式，直接管理供应商的库存。这种做法招致一些人的批评，有人认为这种做法过于霸道，但是从最终的成效上来看，美的的选择是正确的。

美的公司非常善于控制库存，但依然有最少5~7天的零部件库存，以及几十万台的成品库存，这个数据虽然与国内同行相比毫不逊色，但是离国际顶尖企业仍然有不小的差距。为了在管理上更进一步，美的在2002年开始尝试VMI模式。

在国内家电行业的供应链市场上，美的毫无疑问是上游企业，有数百家稳定的供应商。美的总部设在广东顺德，而其中有60%的供应商就位于顺德周围，还有一些距离顺德只有一两天的车程，只有15%的供应商距离较远。从当时的供应商分布来看，美的实现VMI模式的难度并不大，可以直接派遣员工前去管理。

美的在顺德总部建了很多仓库，划分成许多个分区，外地供应商可以在仓库里租赁一个分区，并且把造好的零件储存在分区里。需要用到这些零件时，美的就会通知供应商，然后进行资金划拨、取货等工作。在这个过程中，美的

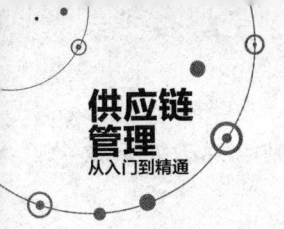

严格地把控了供应商提供的零件数量,因为每个厂商分到的分区面积是固定的,并且受到美的的严格监督。

实施VMI模式后,美的对供应链前端实现了有效控制,去库存成效显著。美的零部件的库存由原来的5~7天,降至3天以内。解决了库存积压问题以后,美的一系列相关的财务负担也减轻了,资金利用效率不断提高,资金风险逐渐下降。

VMI模式的成功实施,需要建立在企业与供应商的信任之上,双方必须同舟共济,共享信息,方能建立理想的补货流程。

第九章　控制管理系统，供应链体系升级换代

## 名企案例 屈臣氏的供应链系统建设

在中国市场，人们很难找到一家与屈臣氏相似的连锁商店。通过对供应链系统的建设和优化，以及独特的用户定位，屈臣氏取得了很好的业绩，其强大的供应链系统，为诸多企业树立了榜样。从货架陈列到售卖的商品，屈臣氏针对女性的消费特点，营造出"健康、美态、欢乐"的消费理念。

**传统模式下的屈臣氏供应链管理**

屈臣氏的总部位于中国香港，最初于1989年进入中国内地市场。至今业务遍布24个国家/地区，共经营超过12000间零售商店，聘用超过110000名员工。在零售行业中，屈臣氏是名副其实的巨无霸企业，这也对屈臣氏的供应链管理能力提出了挑战。

其实，屈臣氏最初和其他众多中小企业一样，采用的是传统的供应链管理模式，也就是用最低的价格买到所需的产品，与供应商之间是零和关系，双方经常围绕产品讨价还价。当门店数量少时，信息管理系统的优势似乎并不明显，屈臣氏也只是采用传统物流模式进行配送。在传统的物流采购模式下，企业视库存为企业的资产，采购的目的就是补充库存，库存在企业的作用很大。但是库存量大，占用了大量的储备资金，使流动资金周转变慢，甚至发生周转困难。

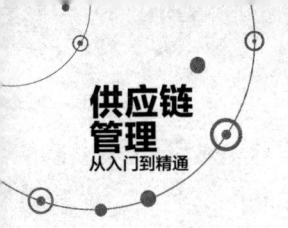

随着屈臣氏的业务逐渐增加,在内地市场的规模也在逐渐扩大,一家家分店相继开业,供应链也越做越大。此时,旧的供应链管理模式已经开始显露其弊端,各个环节相互割裂,原材料供应商、制造商、物流公司等各自为政,没有发挥出整体作战的实力。

屈臣氏的管理层很快意识到了这个问题,他们果断采取措施,积极引进成熟的供应链管理系统,以支持屈臣氏的快速发展。新的供应链管理系统不仅要稳定地支持分店的运营,还要提高供应链的效率,降低物流成本,以减轻迅速扩张给企业带来的财务压力。这可不是一件容易的事,屈臣氏必须考虑方方面面的问题。

**屈臣氏从三方面优化供应链管理系统**

屈臣氏对供应链管理系统的优化,主要从三个方面进行,分别是自动补货与订货系统、仓库管理系统、物流配送系统。

1. 自动补货与订货系统

屈臣氏作为一家零售企业,本身没有建设工厂,而是选择与代工厂合作,进行贴牌生产。因此在屈臣氏的日常店铺经营中,补货与订货是第一步工作。而且对于屈臣氏这样的零售企业来说,快速补货也是其核心竞争力之一,所以自动补货系统极其重要,成为整个信息化建设的先导。屈臣氏的POS系统每天晚上会自动结算,然后根据销售情况自动生成订单,发送给物流中心,以便及时补充上架。

2. 仓库管理系统

屈臣氏的仓库管理系统主要包括这样几个功能:库存管理、场地管理、货位优化。通过条形码自动识别,再用网络进行数据传输,屈臣氏的管理系统把仓库中的每个环节都清清楚楚地记录在案,方便管理人员有效地利用仓储空间，从而提高了仓库的仓储能力，降低了总成本。

3. 物流配送系统

屈臣氏对物流系统的管控，是通过外包的形式实现的。为了提高送货效率，屈臣氏还会帮助物流公司优化配送路线，尤其是物流中心之间的商品调拨。为了保证新店的配送服务，屈臣氏特别注重对物流配送系统的更新和升级，每新建一个物流中心，都要重新优化配送路线。

**拓展阅读**

### 屈臣氏的标准化物流管理

虽然屈臣氏经营的产品主要是保健及美容品，但它仍然是一家零售企业，它和其他零售业巨头，像沃尔玛、家乐福等一样，要采取标准化的管理模式。在对中国内地市场上的供应链进行充分论证之后，屈臣氏对物流的标准化管理做出了如下安排。

1. 订货程序标准化

屈臣氏的每个分店都要按照统一的模式进行采购，店铺的管理人员需要在规定的时间内完成下单，然后进行统一配送。而订货方式又可以分为货架订货、促销订货、供应商订货、货号订货等，以保障商品的及时配送。

2. 收货程序标准化

订货有标准化程序，收货同样要按照标准化程序进行。每次收货时，屈臣氏规定要由三个人同时操作，其中一人记录商品编号，另外两个人则开箱检查商品，核查数量，对于贵重物品，必须第一时间开箱检查数量和质量，并且用红色的封条做好记号。

3. 退货程序标准化

屈臣氏的分店在退货时，必须先向总部的采购部门发送申请，然后由总部

统一调配，收到通知后才可以执行。为了便于辨识，每一个纸箱外都贴上了彩色的标签，上面写着货物的名称、数量。

4. 过期产品的处理程序标准化

对于过期的商品，屈臣氏有统一的处理方式。能够退货的，就选择退回供应商；不能退货的，则在监督下销毁；至于即将过期的产品，一般申请折价处理，区域经理为折价授权人。

> **专家提醒**
>
> 　　在目前的市场环境下，对供应链的管理能力将决定企业的命运。中小企业只有结合国内市场的现状，借鉴知名企业的供应链管理经验，才能打造出核心竞争力。

## 第十章

# 大数据供应链：构建工业4.0智能供应模式

近些年来，互联网信息技术的发展给商业带来了巨大的变化。尤其是大数据的出现，使得工业4.0成为可能，很多国家据此提出了自己的战略，如德国工业4.0、中国制造2025、美国工业互联网。那么，在工业4.0的影响下，供应链究竟会发生哪些变化？我们又该如何应对？这些问题都值得我们深思。

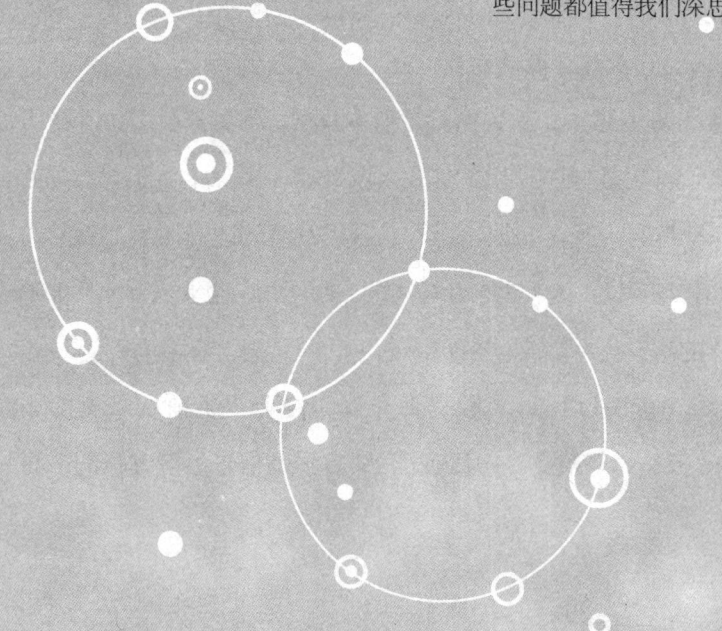

# 大数据改变了供应链的游戏规则

大数据是最近几年炙手可热的词语，在商业领域也得到了应用。那么，大数据和供应链之间能否擦出火花呢？这是有可能的。供应链涉及海量的数据计算，而大数据的引入，能够帮助企业提升供应链的等级。可以说，大数据的出现已经改变了供应链的游戏规则，使得人类的商业社会呈现出崭新的面貌。

**大数据分析法改变了商业游戏规则**

2015年，"大数据"这个陌生的新名词出现在公众的面前，并且很快引发了人们的热议。多种形式的互联网应用蓬勃发展，使得用户对流量的消费需求越来越高，同时也给企业带来了新的商业机会。

什么是大数据？顾名思义，大数据就是很多数据、海量资料。由于技术上的限制，过去人们对数据的应用比较有限。计算机出现以后，人们对数据的运算能力提升了一个等级。而大数据的出现，连常规计算机也无法满足运算需求。随着大数据的规模不断扩大，以及新技术的不断运用，企业需要使用能够对大数据进行分析的新工具，如谷歌的Hadoop等。

当技术上的问题解决以后，大数据便可以为企业提供前所未有的服务。正如《纽约时报》的一篇文章中所说的："数据是信息经济时代的一种

## 第十章 大数据供应链：构建工业4.0智能供应模式

关键原材料。"我们生活于数据爆炸的时代，供应链必定会引入越来越多的数据，从而变得越来越复杂。也许过不了多少年，企业的市场边界、业务组合、商业模式和运作模式等就会彻底改变，那时供应链将会以一种崭新的方式存在。

以现在的情况来看，大数据已经对企业的供应链产生了巨大的影响。对于第一产业，也就是农业方面，大数据的影响比较有限；对于第二产业，大数据将起到驱动市场升级的作用，尤其是在物流、汽车、零售等领域；对于第三产业，大数据已经发挥了巨大的作用，在供应链协同应用市场上的需求空间较大，尤其是医疗、金融、电子商务等细分领域，对大数据运用的需求较高。

### 大数据催生智慧供应链

在大数据的影响下，不仅出现了很多商业新秀，还催生了智慧供应链。比如，用户在网上搜索"电脑桌"，接下来电商网站就会向用户推送电脑桌的广告，因为电商网站和搜索引擎达成了合作协议。搜索引擎负责搜集用户的数据，传送给电商网站，接着电商网站就会根据这些数据向用户推送相关的产品广告。

这些只是大数据在商业运用上的一种方式。实际上，它可以涵盖供应链的方方面面，能够应用在销售分析、生产制造分析、库存分析、物流分析、消费者行为分析等多个领域，可以有效地提高供应链的协同运作效率。大数据变革的步伐正在不断加快，无论是消费者，还是企业都可以日益感受到其影响。大数据会迅速推动供应链的转型与升级——由传统的供应链模式向智慧供应链的方向发展。

可以说大数据是智慧供应链的核心因素，大数据技术为整个智慧供应链

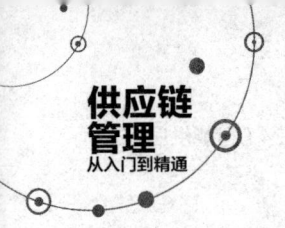

提供基于实时数据的处理和分析,而管理者可以基于当时的实际情况,做出相应的决策。更重要的是,当异常情况发生时,智慧供应链系统可以启动应急功能,将损失降至最低。

**拓展阅读**

### 富士康:大数据是产业供应链体系的血液

2017年5月26日,首届中国国际大数据产业博览会在贵阳市举办,其间富士康科技集团创始人、总裁郭台铭发表了自己的看法,他说:"共赢互联网的发展带来的不仅仅是效率的提升、成本的降低,还会影响创新、研发、设计、人力培育、培训以及产学研的合作,通过数据开放,整合供应互联网的资源,可早日实现从制造大国到制造强国的转变,早日迈向智能制造的大数据新时代。"

为了印证自己的看法,郭台铭举了一个例子,他说富士康目前已经有5座"关灯工厂",这一切都离不开物联网和大数据。目前富士康在工业智能大数据应用上,通过联网、上线、云端、互通和反馈,收集市场上的各种信息,形成有用的小数据,同时导入许多智能感应装置,整合到云端平台,进行定制化的分析和设计,帮助客户节省时间和金钱,实现效率最大化。

当前,中国政府提出了"中国制造2025"的强国战略,美国、德国也有相应的战略部署。郭台铭认为,中国制造和先进制造其实是异曲同工的,推进中国制造2025,就要让制造更好地跟数据、网络、云端进行结合。

# 第十章 大数据供应链：构建工业4.0智能供应模式

智慧供应链的一大特征，就是通过大数据分析，企业可以对市场需求进行预测，对消费群体进行分类，从而实现精准营销。

# 企业如何部署大数据供应链

随着企业的发展,引入大数据管理供应链已经是一种不可避免的趋势了。大数据对供应链管理的提升作用是非常明显的,而要想让大数据在供应链管理中发挥价值,企业首先要学会部署大数据系统。大数据为供应链管理提供了转型的机遇,这一转型涉及供应链从货源到销售的所有部门。那么,企业应该如何通过这一机遇创造竞争优势呢?

**大数据技术对供应链管理的提升作用**

企业引入大数据,目的是改善供应链的各个环节,提升原有的系统管理水平。在实际运用过程中,人们发现,大数据对供应链管理的提升作用,主要是通过以下几个方面体现出来的。

1. 加强搜集信息的能力

借助网络计算机系统,目前的企业能够凭借强大的数据运算能力,精准预测市场行情的变化。大数据带来的预测模型,可以帮助企业从大环境中提取更多的数据。比如,在制造业中,整个生产流水线的监控、产品质量的检测结果等,这些都可以为企业提供更多的有用信息。通过对大数据技术的使用,企业也可以对当前的运营情况进行判断。

## 2. 优化企业的库存管理

在优化库存管理方面，大数据也有很好的效果。通过大数据计算，企业对客户的实际需求进行分析，制订出合理的生产计划，尽可能地提高产品的周转效率，把产品积压的可能性降至最低。同时还能掌握出库、入库的具体数据，最终帮助企业将库存成本降到最低。

## 3. 提高供应链的协同效率

大数据带来了更丰富的信息，有利于消除企业和供应商因信息沟通不畅而造成的误会，而二者的良好关系是消灭二者间不信任成本的关键。双方库存与需求信息交互、VMI运作机制的建立，将降低由于缺货造成的生产损失。通过大数据渠道提升快速、准确的反应能力在当前集团化、全球化多组织运作的环境下尤为重要。协同效率的提高是企业供应链运作效率提升的关键。

### 用SAM框架实施大数据供应链

要想有效利用大数据，企业应当对各部门的行为集中统筹，并且在供应链中构建一个系统化框架，即SAM（Software Assets Management）框架。SAM框架包含了三个步骤，分别是分区、联合、评估。

## 1. 分区

在这个阶段里，企业要使用大数据工具分析市场行情，划分瞄准特定的市场分区。通过分析人口信息、消费者购物模型及购物行为特点等信息，对消费者的类型进行分区，这是传统商业的普遍做法。建立分区时，要充分考虑市场中的每一个竞争要素，如客户服务、产品成本、产品质量、产品创新度等。例如，某些顾客偏向于选择性价比高的产品，那么就可以把他们放在一个专门的分区内，然后在制订生产计划的时候，着重考虑性价比方面的因素。

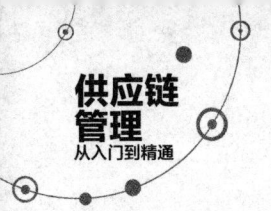

### 2. 联合

把企业供应链上的各项职能整合起来，根据大数据分析得到的信息，重新进行优化，得出更优秀、更实用的模式。以往的企业组织结构或多或少都会有些问题，不能发挥出全部力量，实行联合这一步骤就是希望对不合理的供应链结构进行改造。

### 3. 评估

供应链改造完成以后，还要设置评估指标，以便能够对供应链进行检测。正如彼得·德鲁克所说："如果你不能评估一件事物，你就不能管理它。"

> **拓展阅读**

#### 沃尔玛的大数据供应链体系

沃尔玛是最早进入中国的外资零售企业之一，拥有丰富的供应链管理经验。初入中国时，沃尔玛就保持着世界一流的供应链管理水平。在互联网技术日新月异的今天，沃尔玛也没有停止前进的脚步，而是致力于将国际领先的供应链管理体系与本土优势资源相结合。沃尔玛通过信息技术创新，在提高服务效率的同时，整合供应链的上下游资源，实现各方资源共享、价值共创。

沃尔玛在15个国家建设了8 500余家门店，这些门店都有各自的供应商，汇聚成一股庞大的数据流，依靠传统的管理模式显然很难实现对其的有效管理。因此，沃尔玛将大数据系统引入供应链管理中，要求每家供应商都要使用专用的Retail Link系统，审视沃尔玛旗下每一家超市的实时需求，做到适时补货，从而有效控制企业系统。

另外，沃尔玛还会利用大数据分析消费者的偏好与购买行为，对市场需求进行预测，并且与制造商的生产能力进行精准匹配，从而提高整个供应链的运营效率。

# 第十章 大数据供应链：构建工业4.0智能供应模式

在物流方面，沃尔玛也在充分利用大数据，它和承运商协同管理供应链，由其中一家承运商牵头，按照需要调运货物，其他承运商则通过供应链平台实时分享信息，共享运力，保证区域运力充足，实现商品平稳供应。

> **专家提醒**
>
> 大数据驱动的供应链管理需要理解供应链中的消费行为，以及对企业的采购、制造、仓储、营销等各个环节进行精准把控。如此复杂的任务，如果不借助先进的大数据分析技术，那是无法完成的。

# 大数据推动供应链跨界融合

在大数据的帮助下，人们能够推动产业和互联网的跨界融合，从而创造出崭新的企业形式。比如，近年来受到人们热议的中国"新四大发明"——高铁、支付宝、共享单车和网购，其背后都有云计算和大数据的支撑。可以说，推动产业实现跨界融合，正是大数据的核心价值之一。

**推动产业跨界融合是大数据的核心价值之一**

近些年来，随着信息技术的不断发展，大数据逐渐深入生活，为人们的商业活动提供了许多便利。新技术带来了很多新的生活方式，让普通人也能够享受到科技的乐趣。因此，要想让大数据真正发挥价值，就一定要实现跨界融合。

随着计算机技术的发展，人们对大数据的运用有了更多的可能性，使得大数据可以在管理创新、产业发展、科学发现、学科发展等多个领域开展，为人们带来前所未有的机遇。比如，亚马逊很早就开始了对大数据分析法的研究，从消费者忠诚计划中获取了大量消费者数据。利用消费者的数据，亚马逊采用一种称为协同筛选的预测性模型使其推荐引擎更加智能化，向消费者推荐其可能喜欢的商品。

不过，要想将大数据完全转化为生产力，还面临一系列困难。比如，如果分析模型出了问题，大数据也有可能出错，国外就有一家企业出现过这样的问题，其发明了一种通过媒体、电商数据预测流感传播的大数据技术，然而分析模型出了问题，导致大数据高估了流感发生的可能性。

另外，目前市场上也存在盲目发展大数据的现象，发展大数据产业，不是投入资金就可以办到的。有了基础设施，还需要长期进行数据分析和开发，否则就会半途而废，无法真正发挥其效益。

**大数据与供应链金融的结合**

供应链金融是银行采取的一种金融服务，它管理着上下游企业的资金流和物流，目的是尽量降低不可控的风险。在供应链金融中，大数据技术的主要作用是整合资源信息、解决信息不对称的问题，从而为金融服务商业提供指引。

1. 完善征信信息，降低信息不对称

征信问题一直是困扰着银行的大问题，而信息的真实、全面又是决定征信质量的根本。在传统金融模式下，征信只能依靠企业发布的财报数据，但是数据不一定可靠，它最多只能反映企业经营的最终结果。引入大数据系统之后，银行便可以时时检查企业的运营情况，因为它依托的是动态、可持续的财务数据源。因此，大数据可以降低信息不对称，提高征信的质量。

2. 建立授信主体数据库，完善数据交互

授信是指银行对客户提供的资金，或者给客户提供的担保服务。过去，供应链金融只能依靠核心企业的客户订单数据，缺乏各环节的配合和完整的交互数据。而大数据可以通过交易网关数据模式，建立授信主体的全方位数据库，从而防范金融风险。

## 3. 优化风控技术，建立自动预警系统

风控技术的一个优点，便是可以在危机发生之前，就对人们发出预警，而大数据的应用提高了风控技术的上限。在大数据技术的帮助下，风控系统能够随时监测交易数据，追踪风险的测算结果，确保人们有足够的时间应对风险。

> **拓展阅读**
>
> ### 建行"小微快贷"：大数据与金融的跨界融合
>
> 中小企业融资难是世界性的难题，因为无论是企业的信誉，还是其应对风险的能力，都无法与大企业相比，因此银行在向中小企业借贷时，总是顾虑重重。然而这种情况又加大了中小企业的生存难度，长此以往，对大家都不利。
>
> 2018年4月12日，国务院发布了《政府工作报告》，明确提出要"发展壮大新动能，做大做强新兴产业集群，实施大数据发展行动"。意思就是借助大数据的东风，发展壮大中小企业。
>
> 中国建设银行推出的"小微快贷"系列产品，就是借助互联网和大数据技术出现的产物。"小微快贷"系列最高额度可达500万元，其中信用额度最高为200万元，期限最长1年，在信息完整的情况下，客户通过手机银行、网上银行等渠道办理贷款，整个过程只需几分钟。通过AI的快速运算和相互协作，迅速完成数据处理任务，简化了贷款的审批和流程，为中小企业的发展提供"及时雨"。

# 第十章 大数据供应链：构建工业4.0智能供应模式

> **专家提醒**
>
> 从供应链的角度来看，有效利用大数据也是非常必要的，如果离开了大数据的推动，就不会有B2B、B2C、O2O、O2C等电商模式百花齐放的局面，继而获得全球供应链管理的竞争优势也就无从谈起了。

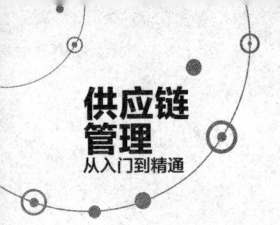

# 数字化采购,颠覆传统采购模式

近年来,随着信息技术的迅速发展,我国的互联网产业如雨后春笋般冒了出来。互联网产业的蓬勃兴起,也显示出"互联网+"的重要性,这说明中国正在加速迈入数字化采购时代。《中国企业电商化采购发展报告(2018)》中的数据显示,2018年我国企业数字化采购市场规模同比增速达80%,就是对此的直接证明。

**数字化采购正在颠覆传统采购业务**

什么是数字化采购?通常,数字化采购指的是利用人工智能、物联网、云端协作网络、机器人流程自动化等技术,将采购部门打造成一种新的模式,在这种采购模式下,企业优化寻源战略,实现采购执行自动化,以及前瞻性供应商管理,从而降低采购成本,提高采购效率。

传统采购模式以手工为主,效率非常低下,一方面成本很高,另一方面又很难满足企业的采购需求。随着企业信息管理系统的逐渐普及,部分企业开始使用电子采购系统,但是系统间的数据往往难以兼容和共享,阻碍了企业快速、科学地制定业务决策,导致采购成本始终居高不下。数字化采购的出现,使得采购业务提升了一个等级。

近几年,数字化采购飞速发展,隐隐有颠覆传统采购业务的趋势。借助人工智能、物联网等先进技术，数字化采购呈现出采购流程简化、采购决策自动化的特征。在国内，已经有一些行业领先企业开始了数字化采购转型的工作，为数字化转型制订了路线图。

**数字化采购的四大转变趋势**

相比传统采购模式，数字化采购带来的效率提升是非常明显的，它从四个方面对传统采购业务进行改造，每个企业在转型数字化采购期间都会遇到这些问题。

1. 采购平台由线下转到线上

过去，人们在采购时，只能去线下场所进行交易，见面之后才能确定商品的质量，然后就价格问题进行谈判。近些年来，采购行业逐渐从传统的线下交易转变为线上交易，尤其是电商平台的出现，让采购方式转变的速度更快了。究其原因，一方面是供应链管理日益成熟，产品的质量能够得到保证，因此人们不再像以往那样害怕上当受骗了；另一方面是随着信息技术的发展，商务沟通更加方便，通过软件系统就可以一键下单，不必担心信用问题。

2. 购物体验感更好

目前数字化采购存在一个问题，人们虽然能够通过图片和视频看到产品，却不能近距离感受产品的各项性能。未来，云计算将在采购领域中发挥更有力的作用，为用户提供简单、友好且直观的界面，增强用户的体验感。比如，VR技术的使用，可以使人们360度全方位地观看产品。

3. 目录化采购，加强全流程控制

数字化采购的一项特征，便是通过大数据分析，推出目录化采购。它是基于品类的自动化流程，采取托管式的采购模式，将企业采购品类自定义产品与

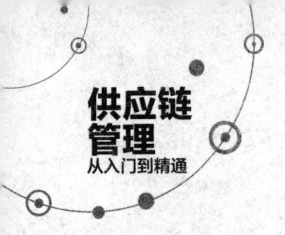

服务编码结合,建成一个庞大的品类数据库。借助这种方式,实现持续控制采购种类,从根本上规范采购流程。

4. 借助物联网提升采购绩效

物联网也是目前的发展趋势之一,它是互联网的延伸,通过通信技术把顾客和产品联结在一起,形成信息化、智能化的网络,通过这个网络,人们可以对产品进行远程控制管理。

**拓展阅读**

友云采和今麦郎的数字化采购合作

近年来,食品行业在国内市场蓬勃发展,竞争也渐渐激烈起来。作为食品行业的巨头,面对互联网技术的快速发展,今麦郎也在积极谋求新出路。

作为今麦郎集团的重要组成部分,今麦郎饮品已成为行业内的一股新生力量,在过去几年间,今麦郎饮品快速发展,接连推出多种饮料。随着今麦郎饮品业务的扩展,公司迫切需要提升采购水平:首先,必须使企业采购过程更加公开、公正、透明;其次,有效地规避企业采购风险;最后,借助互联网技术的优势,通过互联网模式更便捷地拓展供应商资源,获取质优价廉的商品以及与供应商更加高效、便捷的协同。

2016年,今麦郎饮品的年总产值逾30亿元人民币。这个成绩离不开采购的功劳,即今麦郎饮品与友云采平台合作,采用数字化的采购模式。2016年8月9日,今麦郎饮品正式启用友云采平台,开启了数字化采购模式,短短三周时间,就把各项环节调节顺畅,实现了采购业务的变革。

目前,今麦郎已经顺利建设完成数字化采购的一期项目,该项目涉及今麦郎16家生产基地、11家供应商企业、近5万条物料信息。借助数字化采购,今麦郎实现了对供应链的牢牢把控，确保原材料能及时供应。有数据统计，今麦郎饮品采用数字化采购以后，管理成本比往年降低了15%。

业界普遍认为，到2020年，中国将会有更多企业加速数字化采购转型的步伐，届时采购业务将全面进入数字化时代。

# 智慧仓储，打造崭新的高速物流

在现代供应链改革中，智慧仓储是非常关键的一环，也是当今仓储行业变革的重要方向。传统仓储管理中存在诸多问题，人工录入数据的方式不仅烦琐、数据量大易出错，而且盘点周期长，货损货差不能及时被发现，因此会造成成本高、效率低等问题。智慧仓储则可以借助高科技系统和设备，实现仓储物流的再升级。

### 智慧仓储管理的好处

传统仓储对人工管理的依赖程度较高，花费的成本很高，但是效率很低，因为人工无法保证永远不出错。一旦录入的数据错了一个，很可能会导致整个物流的停滞。引入智慧仓储，就是希望通过智慧仓储项目的实施，实现仓储信息的快速生成、自动识别及智能处理，全面提高货物出入库、盘库、移库环节的效率，降低管理成本。

目前，世界上很多大型企业都在积极探索智慧仓储的建设，它们利用射频识别、网络通信、信息系统应用等信息化技术，实现入库、出库、盘库、移库管理的信息自动抓取、自动识别、自动预警及智能管理等功能。同时，借助信息联网与智能管理，形成统一的信息数据库，为供应链整体运作提供可靠依据。

## 第十章 大数据供应链：构建工业4.0智能供应模式

智慧仓储的核心是更先进的人工智能和算法，和传统仓储相比，优势显而易见。传统制造企业更关心的是如何才能用上这些先进的技术和工具。智慧仓储和物流是个系统工程，实现起来并不容易。即便物流行业的佼佼者也必须一步一个脚印，从单点切入，再慢慢实现全局的智能化。物流行业智能化的前提是所有物流要素数字化，并且互联互通，变成一个整体，但是这一点很难在短期内实现。

**传统仓储如何过渡到智慧仓储？**

虽然智慧仓储借助新技术实现了效率上的成倍提升，但是在总的思想上，智慧仓储和传统仓储仍然有相似之处。智慧仓储管理的内容包括三个部分：仓储系统的布局设计、库存最优控制、仓储作业操作。这些环节也存在于传统仓储中，只是在具体操作时，有明显的区别。

1. 合理布局顶层设计，规划仓储布局

仓储系统的顶层设计，是指仓储系统的根本原理。目前，人们在仓储方面所执行的原理仍然是"干线运输—区域配送"的模式，这一点在智慧仓储上也不例外。智慧仓储也需要一个仓库作为基地，再设计配送路径，形成整个仓储供应链。在相应的信息系统设计中，表现为"联库管理"的模式，分为集中式、分布式和混合式三类，其中配送中心的选择和设计是整个系统布局的关键。

2. 更新仓储系统，配置软件和硬件

建设仓储的第二步，便是配置配套设施，其中包括托盘、货架、叉车等硬件设施，也包括仓储管理系统等软件设施。跟传统仓储相比，智慧仓储在软件和硬件上都有质的提升，也只有这样才能成倍地提升工作效率。

### 3. 建立相关工作管理机制

解决了软硬件的问题,接下来要做的就是人员的管理问题。智慧仓储的人员管理机制要求比以往更简洁、更优秀,要在5S管理,即"整理、整顿、清扫、清洁、素养"的基础上,增加智能、安全、规范等机制。

**拓展阅读**

#### 亚马逊布局智能物流仓库

在亚马逊公司的仓库里,一个个矮矮胖胖的小机器人川流如梭,可别小看这些机器人,它们可大有来头。

这些小机器人的名字叫Kiva,Kiva会自动扫描地上的条码,然后根据无线指令,将货物和货架按照订单分别搬送到指定的地点,之后再由员工处理。这样一来,工作人员每小时可挑拣、扫描300件商品,效率是之前的3倍,并且送货的准确率高达99.99%。目前,亚马逊已经在全球部署了超过10万台Kiva,仅仅在美国加利福尼亚州的一座仓库中,就有超过3000台的Kiva。在机器人应用数量、订单处理能力以及仓库自动化程度上,亚马逊均处在全球同类企业的领先水平。

现在,亚马逊成功地在人们心中树立了这样一种形象:亚马逊不只是电商平台,更是一家科技公司。亚马逊在业内率先使用了大数据技术,利用人工智能和云技术管理仓储物流,首次推出了预测性调拨、跨区域配送、跨国境配送等服务,并由此建立了全球跨境云仓。

在智能物流思想的指导下,亚马逊对原有的仓储物流供应链进行了全面改造和升级,以智能运营系统为基础,打破了单一库房运营的传统模式,形成了全球化智能运营网络,构建起全球覆盖最广的电商自建运营网络。

## 第十章 大数据供应链：构建工业4.0智能供应模式

> **专家提醒**
>
> 随着智慧仓储的布局与发展，未来人类在仓储环节中付出的单位成本肯定会越来越低，只是在前期需要巨额投入，这又会造成企业实力的两极分化，致使强者愈强，弱者愈弱。

### 名企案例 百世集团：用科技打造智慧型供应链服务平台

百世集团是一家专业的供应链服务提供商，旗下拥有百世供应链（综合物流解决方案设计与实施）、百世汇通（快递配送）、百世快运、百世电商（电商仓配服务）以及百世软件等。

在百世的发展规划中，利用技术和商业模式创新打造领先的智慧型供应链服务平台，是公司的重要战略。百世构建了一个智慧型供应链服务平台，为制造商、品牌商、经销商、零售商、消费者等提供了优质的供应链服务。

**百世以科技手段打造智慧型物流供应链**

百世的核心技术方向，就是在工作中导入人工智能技术，搭建一个智慧型供应链服务平台。在这个平台上，人们可以根据客户以往的销售数据进行分析，提前设计好计划和方案。而在供应链的末端，企业又可以实行仓库、商店信息共享，采用就近备货的原则，让商品能够在市场上合理分布。

自2007年成立以来，百世就非常重视对科技的运用。在百世的仓储系统中，有两种具有代表性的科技产物。一种是多穿立体库，多穿立体库占地4 200平方米，可存放约75万件货物。整个多穿立体库由货架系统、四向穿梭车、提升机、输送系统、电子标签拣选系统等组成，确保能够拣选到仓库中

## 第十章  大数据供应链：构建工业4.0智能供应模式

的每一件货物。还有一种是库宝机器人，它是一款智能仓储机器人，主要负责搬运物料。

而在仓库的运力调配上，百世拥有智能调度引擎，该引擎可以对车辆概况、订单信息、路况数据等多重数据进行分析。百世通过开放接口的方式，用智能调度引擎对接运输管理系统，达到将复杂性、抽象性、多样性等问题封装于引擎底层的目的，让用户可以非常快速、便捷地使用引擎进行整体调度，实现在遵守特定城市或地区的通行规则、满足装载需求和时效要求的前提下，利用既定车辆资源，用尽可能低的成本，提供高质量的配送服务。

### 一站式服务的供应链云平台

在未来，云平台会对供应链管理实行一站式服务。何谓一站式服务？简单来说，就是供应链中的所有问题都可以在云平台上解决，企业和供应商只需要和云平台合作。

云平台的这种服务方式，其实是一种必然趋势。我们知道，企业要不断地增强自己的实力，让对手无法和自己竞争。一站式服务能够尽量满足客户的需求，同时打击对手的竞争力。因此客户喜欢这样的服务，他们只要做好自己的业务就可以了，其他的都交给云平台公司处理。

另外，云平台也是一个交流平台，让供应链上的企业和供应商有了一个沟通的平台。遇到问题的时候，他们不必再东奔西跑，只需要建立一个云平台沟通机制，即可在网络上处理问题，这种方式也有利于彼此之间建立信任和长期合作关系。企业可以主动发起活动，邀请供应商参与。

在百世集团身上，我们已经可以看见这样的趋势。在百世的智慧型供应链生态体系里，包含供应链、快递、优货、百世云、店加、物流金融等成员，它

们分别提供了一种服务类型，如全渠道供应链管理、门到门包裹速递、跨境电商物流服务、便利店供应链等。

**拓展阅读**

如何在新零售时代应对供应链挑战？

2016年10月，马云在一场演讲中提出了"新零售"的概念。试图从全新的角度解决线上经济和线下经济的冲突。很快，"新零售"就引起了一场线上线下一体化的商业革命，众多品牌商和传统零售业巨头参与其中，并为消费者带来了全新的价值。

与其说马云创造了"新零售"这个词，倒不如说他揭开了"新零售"的序幕。实际上，在他说出这个概念之前，中国的零售行业就已经在走向全面的互联网化变革的路上了，线上与线下的全面融合是大势所趋。马云认为："新零售是以消费者体验为中心的数据驱动的泛零售业态。"那么如何支撑消费体验呢？这就需要构建新零售时代中的新型供应链。

可以预见的是，在新零售时代，供应链将会变得十分智能化，这必须依靠大数据的帮助。因为在新零售时代，将会产生大量的零售运营数据，所以必须有强大的算法，才足以支撑整个供应链的运转。

在新零售时代，供应链将会变得可视化，以便可以随时追踪信息。比如，阿里巴巴旗下的盒马鲜生就采用了供应链可视化的战略，他们对每一件产品都使用了电子标签，实现了线上与线下的数据同步，这些都为供应链的集成和协同提供了基础。

第十章 大数据供应链：构建工业4.0智能供应模式

> **专家提醒**
>
> 通过对最新科技的运用，百世集团打造了一个智慧型供应链系统，为企业提供了更智能化的物流全链路服务，同时也为供应链行业做出了表率。

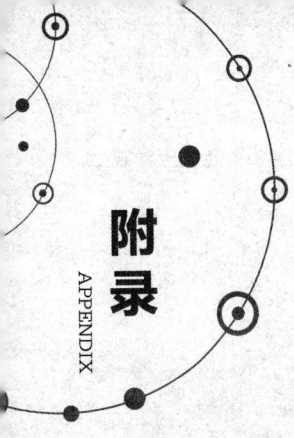

附录
APPENDIX

# 2018年度高德纳全球供应链评选

高德纳（Gartner）咨询公司是全球最具权威的IT研究与顾问咨询公司，成立于1979年，总部设在美国康涅狄克州斯坦福。其研究范围覆盖全部IT产业，就IT的研究、发展、评估、应用、市场等领域，为客户提供客观、公正的论证报告及市场调研报告，协助客户进行市场分析、技术选择、项目论证、投资决策。

在供应链领域，最受关注、最被认可的莫过于高德纳每年发布的供应链25强。供应链管理的强弱，仅从几个简单的财务指标来评价是不够的。高德纳公司通过引入定性的评估（如专家评价），结合定量评估（如营业收入、库存、投资回报率等），进行评选。

从2005年开始，高德纳每年都会对全球著名公司的供应链进行评估，然后发布全球公司供应链排行榜，评选出供应链Top25，推出全球的供应链领袖，并着重分析和展示它们的最优策略，至今已经连续发布14年。

2018年5月17日，高德纳发布了2018年度的供应链25强榜单，联合利华连续在第三年获得第一名，其次是Inditex、思科、高露洁和英特尔。

具体名单见表1。

附录

表1 高德纳公司发布2018年度供应链25强榜单

| 排名 | 公司 | 中文名 |
| --- | --- | --- |
| 1 | Unilever | 联合利华 |
| 2 | Inditex | Inditex（ZARA母公司） |
| 3 | Cisco Systems | 思科 |
| 4 | Colgate-Palmolive | 高露洁—棕榄 |
| 5 | Intel | 英特尔 |
| 6 | Nike | 耐克 |
| 7 | Nestlé | 雀巢 |
| 8 | PepsiCo | 百事可乐 |
| 9 | H&M | H&M |
| 10 | Starbucks | 星巴克 |
| 11 | 3M | 3M |
| 12 | Schneider Electric | 施耐德电气 |
| 13 | Novo Nordisk | 诺和诺德 |
| 14 | HP | 惠普 |
| 15 | L'ORÉAL | 欧莱雅 |
| 16 | Diageo | 帝亚吉欧 |
| 17 | Samsung Electronics | 三星电子 |
| 18 | Johnson & Johnson | 强生 |
| 19 | BASF | 巴斯夫 |
| 20 | Wal-Mart Stores | 沃尔玛 |
| 21 | Kimberly-Clark | 金佰利 |
| 22 | Coca-Cola Company | 可口可乐 |
| 23 | The Home Depot | 家得宝 |
| 24 | Adidas | 阿迪达斯 |
| 25 | BMW | 宝马 |

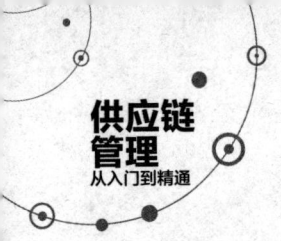

家德宝在三年的停顿后重新进入了排名，而诺和诺德和阿迪达斯首次进入供应链前25名。而2018年的黑马莫过于2017年还在五十名之外的诺和诺德，2018年直接位列榜单第13名。

不过2018年最大的遗憾莫过于，连续5年唯一上榜的中国企业——联想，这次没有进入25强榜单。

自2015年开始，供应链25强中另设有"供应链大师"（Master）称号，类似于供应链名人堂。要想进入这个名人堂，公司必须在过去十年中至少有七年综合得分在前五名，可谓是优秀中的出类拔萃。2018年，麦当劳在蝉联三年的第二名后，正式加入"供应链大师"行列。

# 国务院办公厅印发的《关于积极推进供应链创新与应用的指导意见》(节选)

国办发〔2017〕84号

2017年10月13日

**发展目标**

到2020年,形成一批适合我国国情的供应链发展新技术和新模式,基本形成覆盖我国重点产业的智慧供应链体系。供应链在促进降本增效、供需匹配和产业升级中的作用显著增强,成为供给侧结构性改革的重要支撑。培育100家左右的全球供应链领先企业,重点产业的供应链竞争力进入世界前列,中国成为全球供应链创新与应用的重要中心。

**重点任务**

(一)推进农村一二三产业融合发展

1. 创新农业产业组织体系。鼓励家庭农场、农民合作社、农业产业化龙头企业、农业社会化服务组织等合作建立集农产品生产、加工、流通和服务等于一体的农业供应链体系,发展种养加、产供销、内外贸一体化的现代农业。鼓励承包农户采用土地流转、股份合作、农业生产托管等方式融入农业供应链

体系，完善利益联结机制，促进多种形式的农业适度规模经营，把农业生产引入现代农业发展轨道。（农业部、商务部等负责）

2. 提高农业生产科学化水平。推动建设农业供应链信息平台，集成农业生产经营各环节的大数据，共享政策、市场、科技、金融、保险等信息服务，提高农业生产科技化和精准化水平。加强产销衔接，优化种养结构，促进农业生产向消费导向型转变，增加绿色优质农产品供给。鼓励发展农业生产性服务业，开拓农业供应链金融服务，支持订单农户参加农业保险。（农业部、科技部、商务部、银监会、保监会等负责）

3. 提高质量安全追溯能力。加强农产品和食品冷链设施及标准化建设，降低流通成本和损耗。建立基于供应链的重要产品质量安全追溯机制，针对肉类、蔬菜、水产品、中药材等食用农产品，婴幼儿配方食品、肉制品、乳制品、食用植物油、白酒等食品，农药、兽药、饲料、肥料、种子等农业生产资料，将供应链上下游企业全部纳入追溯体系，构建来源可查、去向可追、责任可究的全链条可追溯体系，提高消费安全水平。（商务部、国家发展改革委、科技部、农业部、质检总局、食品药品监管总局等负责）

（二）促进制造协同化、服务化、智能化

1. 推进供应链协同制造。推动制造企业应用精益供应链等管理技术，完善从研发设计、生产制造到售后服务的全链条供应链体系。推动供应链上下游企业实现协同采购、协同制造、协同物流，促进大中小企业专业化分工协作，快速响应客户需求，缩短生产周期和新品上市时间，降低生产经营和交易成本。（工业和信息化部、国家发展改革委、科技部、商务部等负责）

2. 发展服务型制造。建设一批服务型制造公共服务平台，发展基于供应链的生产性服务业。鼓励相关企业向供应链上游拓展协同研发、众包设计、解决方案等专业服务,向供应链下游延伸远程诊断、维护检修、仓储物流、技术培训、融资租赁、消费信贷等增值服务,推动制造供应链向产业服务供应链转型,提升制造产业价值链。(工业和信息化部、国家发展改革委、科技部、商务部、人民银行、银监会等负责)

3. 促进制造供应链可视化和智能化。推动感知技术在制造供应链关键节点的应用,促进全链条信息共享,实现供应链可视化。推进机械、航空、船舶、汽车、轻工、纺织、食品、电子等行业供应链体系的智能化,加快人机智能交互、工业机器人、智能工厂、智慧物流等技术和装备的应用,提高敏捷制造能力。(工业和信息化部、国家发展改革委、科技部、商务部等负责)

(三)提高流通现代化水平

1. 推动流通创新转型。应用供应链理念和技术,大力发展智慧商店、智慧商圈、智慧物流,提升流通供应链智能化水平。鼓励批发、零售、物流企业整合供应链资源,构建采购、分销、仓储、配送供应链协同平台。鼓励住宿、餐饮、养老、文化、体育、旅游等行业建设供应链综合服务和交易平台,完善供应链体系,提升服务供给质量和效率。(商务部、国家发展改革委、科技部、质检总局等负责)

2. 推进流通与生产深度融合。鼓励流通企业与生产企业合作,建设供应链协同平台,准确及时传导需求信息,实现需求、库存和物流信息的实时共享,引导生产端优化配置生产资源,加速技术和产品创新,按需组织生产,合理安排库存。实施内外销产品"同线同标同质"等一批示范工程,提高供给质量。(商务部、工业和信息化部、农业部、质检总局等负责)

3. 提升供应链服务水平。引导传统流通企业向供应链服务企业转型,大力培育新型供应链服务企业。推动建立供应链综合服务平台,拓展质量管

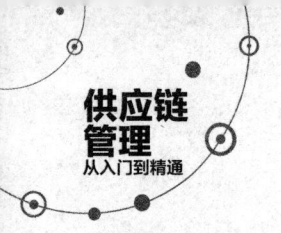

理、追溯服务、金融服务、研发设计等功能，提供采购执行、物流服务、分销执行、融资结算、商检报关等一体化服务。（商务部、人民银行、银监会等负责）

（四）积极稳妥发展供应链金融

1. 推动供应链金融服务实体经济。推动全国和地方信用信息共享平台、商业银行、供应链核心企业等开放共享信息。鼓励商业银行、供应链核心企业等建立供应链金融服务平台，为供应链上下游中小微企业提供高效便捷的融资渠道。鼓励供应链核心企业、金融机构与人民银行征信中心建设的应收账款融资服务平台对接，发展线上应收账款融资等供应链金融模式。（人民银行、国家发展改革委、商务部、银监会、保监会等负责）

2. 有效防范供应链金融风险。推动金融机构、供应链核心企业建立债项评级和主体评级相结合的风险控制体系，加强供应链大数据分析和应用，确保借贷资金基于真实交易。加强对供应链金融的风险监控，提高金融机构事中事后风险管理水平，确保资金流向实体经济。健全供应链金融担保、抵押、质押机制，鼓励依托人民银行征信中心建设的动产融资统一登记系统开展应收账款及其他动产融资质押和转让登记，防止重复质押和空单质押，推动供应链金融健康稳定发展。（人民银行、商务部、银监会、保监会等负责）

（五）积极倡导绿色供应链

1. 大力倡导绿色制造。推行产品全生命周期绿色管理，在汽车、电器电子、通信、大型成套装备及机械等行业开展绿色供应链管理示范。强化供应链的绿色监管，探索建立统一的绿色产品标准、认证、标识体系，鼓励采购绿色产品和服务，积极扶植绿色产业，推动形成绿色制造供应链体系。（国家发

展改革委、工业和信息化部、环境保护部、商务部、质检总局等按职责分工负责）

2. 积极推行绿色流通。积极倡导绿色消费理念，培育绿色消费市场。鼓励流通环节推广节能技术，加快节能设施设备的升级改造，培育一批集节能改造和节能产品销售于一体的绿色流通企业。加强绿色物流新技术和设备的研究与应用，贯彻执行运输、装卸、仓储等环节的绿色标准，开发应用绿色包装材料，建立绿色物流体系。（商务部、国家发展改革委、环境保护部等负责）

3. 建立逆向物流体系。鼓励建立基于供应链的废旧资源回收利用平台，建设线上废弃物和再生资源交易市场。落实生产者责任延伸制度，重点针对电器电子、汽车产品、轮胎、蓄电池和包装物等产品，优化供应链逆向物流网点布局，促进产品回收和再制造发展。（国家发展改革委、工业和信息化部、商务部等按职责分工负责）

（六）努力构建全球供应链

1. 积极融入全球供应链网络。加强交通枢纽、物流通道、信息平台等基础设施建设，推进与"一带一路"沿线国家互联互通。推动国际产能和装备制造合作，推进边境经济合作区、跨境经济合作区、境外经贸合作区建设，鼓励企业深化对外投资合作，设立境外分销和服务网络、物流配送中心、海外仓等，建立本地化的供应链体系。（商务部、国家发展改革委、交通运输部等负责）

2. 提高全球供应链安全水平。鼓励企业建立重要资源和产品全球供应链风险预警系统，利用两个市场两种资源，提高全球供应链风险管理水平。制定和实施国家供应链安全计划，建立全球供应链风险预警评价指标体系，完善全球供应链风险预警机制，提升全球供应链风险防控能力。（国家发展改革委、

商务部等按职责分工负责）

3. 参与全球供应链规则制定。依托全球供应链体系，促进不同国家和地区包容共享发展，形成全球利益共同体和命运共同体。在人员流动、资格互认、标准互通、认可认证、知识产权等方面加强与主要贸易国家和"一带一路"沿线国家的磋商与合作，推动建立有利于完善供应链利益联结机制的全球经贸新规则。（商务部、国家发展改革委、人力资源社会保障部、质检总局等负责）

国务院办公厅

2017年10月5日